Carl Röchling
»Unser Heer«

Soldatenalltag in Deutschland um 1890

Carl Röchling in seinem Atelier.

Carl Röchling
»Unser Heer«

Soldatenalltag in Deutschland um 1890

Die Bildmappe
»Unser Heer«
von Carl Röchling

Herausgegeben
und erläutert
von Gerhard Beckmann,
Klaus-Ulrich Keubke
und Ralf J. Mumm

APH

Verlag E. S. Mittler &. Sohn GmbH

Titelbild: Unser Rittmeister. Tafel 17 des Werkes »Unser Heer« von Carl Röchling.

Mein Dank gilt
Frau Ingeborg Gußmann, Saarbrücken,
die durch ihre großzügige Unterstützung
die Herausgabe dieses Werkes ermöglichte.

ISBN 3-8132-0770-6

Satz: Helmut Sander
Druck: Turo Print GmbH, Schwerin

Inhalt

Vorwort

Als im Jahre 1993 das Buch »Alltag in der Kaiserlichen Marine um 1890« mit der Bildmappe »Unsere Marine« von Christian Wilhelm Allers erschien, arbeiteten die Autoren, Herr Gerhard Beckmann und Herr Dr. Klaus-Ulrich Keubke, bereits an dem Folgeband über das Alltagsleben der Soldaten, Unteroffiziere und Offiziere im deutschen Heer damaliger Zeit. Dafür bildete die gleichfalls in dem Breslauer Verlag C.T. Wiskott 1892 erstmals veröffentlichte Bildmappe »Unser Heer« des seinerzeit sehr bekannten Historienmalers Carl Röchling die Grundlage. Diese Bildmappe erfuhr mehrere Auflagen. Einige Blätter fanden sogar in kolorierter, wenn auch nicht immer geglückter Form später Eingang in uniformgeschichtliche Werke. Es ist Anliegen der Autoren Gerhard Beckmann, Klaus-Ulrich Keubke und Ralf J. Mumm sowie meines als Herausgeberin, mit den Bildern und mit dem erläuternden Text Kenntnisse zum Militär der damaligen Zeit zu vermitteln. Erst dieses Wissen ermöglicht der heutigen und künftigen Generation, begründete Urteile über die Großväter und Urgroßväter, ihr Handeln zu ihren Lebzeiten zu fällen.

Um das herausragende künstlerische Wirken Carl Röchlings über die genannte Bildmappe hinaus zu dokumentieren, wurden aus Privatbesitz und aus dem Bestand des Wehrgeschichtlichen Museums Rastatt GmbH weitere Arbeiten, meist Ölgemälde und Guaschen, herangezogen und farbig wiedergegeben. Dafür möchte ich den Leihgebern herzlich danken, ebenso Herrn Dr. Joachim Niemeyer, Geschäftsführer des Wehrgeschichtlichen Museums GmbH Rastatt, Herrn Wolfram von Raven und Herrn Dr. Christof Trepesch, Kustos der Alten Sammlung des Saarland Museums, für ihre hilfreiche Begleitung des Vorhabens sowie Herrn Matthias W. Moritz für seine sehr informativen Auskünfte. Ein Dank gebührt auch Frau Irene Bunk, Herrn Helmut Sander und der Druckerei TuroPrint in Schwerin für ihre Mitwirkung an der Fertigstellung dieses Buches.

Letztlich bleibt es jedoch eine Aufgabe von Kunst- und Militärhistorikern, in der nahen Zukunft – zum Beispiel im Jahr 2005 anläßlich des 150. Geburtstages des Künstlers – sein Gesamtwerk umfassend zu dokumentieren.

Erna Keubke

Einführung

Carl Röchling und »Unser Heer«

Kaum zu erfassen sind die Bildwerke zum deutschen Militär, die nach den deutschen Einigungskriegen veröffentlicht worden sind. Damals namhafte Historienmaler wirkten in großer Vielfalt an der Darstellung militärhistorischer Themen. Zu ihnen gehört auch Carl Röchling. Leider sind biographische Angaben von seiner und von fremder Hand nur spärlich übermittelt.

Der Künstler

Wie seine Kollegen von der »Öffentlichkeit« heute zumeist vergessen – eigentlich sind nur Adolph von Menzel und Anton von Werner von dieser Ignoranz verschont –, wird er doch von den Kennern und Interessierten der deutschen Militärgeschichte, insbesondere den Freunden der Uniformkunde und der kulturhistorischen Zinnminiaturen, zeitlos gleichbleibend geschätzt und immer wieder zu Rate gezogen. Am 18. Oktober 1855 in Saarbrücken geboren, wurde er dort auch Zeuge der ersten Kämpfe des Deutsch-Französischen Krieges von 1870/1871. Seine Erlebnisse in diesen Tagen haben wohl seinen Wunsch bestärkt, Kunstmaler zu werden und sich vor allem der Wiedergabe des militärischen Lebens in Frieden und Krieg zuzuwenden.

Die Röchlings waren im 18. Jahrhundert aus Westfalen an die Saar gekommen. Ein Zweig dieser Familie stieg im Laufe der Jahre zu Großindustriellen auf, die vor allem in der Rüstungsindustrie wirkten. Carl Röchling gehörte aber einer anderen, bei weitem nicht so wohlhabenden Linie des Geschlechts an. Sein Großvater nahm allerdings als Landgerichtsrat und Kammerpräsident in Saarbrücken auch eine angesehene Stellung in der Region ein. Das Gleiche galt für Friedrich Röchling (1810 in St. Wendel geboren und 1876 in St. Johann gestorben), den Vater Carls, als Justizrat und Notar. Die Mutter des Malers war die in Trier geborene Angelika Stoll. Carl Röchling selbst, von dem nur außerordentlich wenige persönliche Daten überliefert sind, war zweimal verheiratet und hatte drei Kinder (einen Sohn, zwei Töchter) aus erster Ehe. Politisch stand er der Nationalliberalen Partei nahe.

Wie bei fast allen Künstlern entfaltete sich auch in Carl Röchling früh die zeichnerische Begabung. Bereits als Zehnjähriger skizzierte er Uniformen vergangener Zeiten frei aus dem Gedächtnis. Das tat er in einem Maße, daß seine Lehrer am Saarbrücker Gymnasium mit seinen Leistungen in anderen Fächern nicht so zufrieden waren. Deshalb mußte er seine Reifeprüfung am Gymnasium in Zweibrücken ablegen.

Eine noch entscheidendere Ablenkung von der Schule brachten die ersten Kämpfe des Deutsch-Französischen Krieges, die im Raum Saarbrücken stattfanden. Der vierzehnjährige Tertianer unternahm wie andere forsche Jungen der Stadt Streifzüge zu den Soldaten beider Seiten. In einem Vortrag vor Mitgliedern des »Vereins für Heereskunde«, veröffentlicht in der Zeitschrift »Ueberall« (s. weiter unten), geht Carl Röchling auf diese nicht ungefährlichen Momente seiner Jugend ein: »Ich habe zu Hause als Menetekel eine Skizze hängen, welche ich groß malen wollte. Am Abend von Spichern figuriere ich vor dem Rotenberge als Gymnasiast und Gepäckträger eines verwundeten 40ers aus Köln. Er hielt die anfeuerndsten Volksreden an die letzten Bataillone der 5. Division, die uns entgegenkamen, im schönsten ‚Kölschen' Deutsch.«

Verkleidete Ulanen und Saarbrücker Gymnasiasten am Heidenhügel,aus: Saarbrücker Kriegs-Chronik.

Zwei Besucher unterhalten sich dazu mit dem Maler: »‚Das ist wohl Manöver?' – ‚Nein, da liegt doch alles voll von Verwundeten und Toten!' – ‚Ja, wie kommt denn der Junge in die Schlacht, darf er denn?' – ‚Dort darf jeder Bub hingehen,' erwiderte ich ... und benutzte die große Leinwand zu anderen Bildern.«

Später hat Carl Röchling dieses Bild doch noch als ein großformatiges Aquarell beendet – es befindet sich heute in Privatbesitz (s. Tafel A).

Auf alle Fälle haben die Erlebnisse des Jungen seinen Berufswunsch, Soldaten- und Schlachtenmaler zu werden, beeinflußt. Dieser Weg begann mit einer Ausbildung auf der Kunstschule in Karlsruhe von 1875 bis 1880. Zu seinen Lehrern zählten Ludwig Des Courdes und Ernst Hildebrand, die durch religiöse und historische Genrebilder bekannt waren. Von Oktober 1880 bis zum Sommer 1881 setzte er seine Studien in Berlin fort, um dann 1881 Meisterschüler bei Anton von Werner zu werden. Dieser schrieb in seinem Buch »Erlebnisse und Eindrücke« dazu: »Unter den rund 320 bis 360 Studierenden, einschließlich der Meisterateliersschüler, befand sich allerdings nur ein einziger Militärmaler, Carl Röchling, als mein Atelierschüler von 1881 bis 1883 auf der Akademie.« Beide kannten sich bereits, da der junge Röchling schon 1877 seinem späteren Lehrer bei der Anfertigung der Gesamtdekoration des Saarbrücker Rathauses »als Ortskundiger freundlichst zur Hand« gegangen war. Darüber hinaus absolvierte Carl Röch-

Verbandsplatz im Steinbruch an der Metzer Straße, aus: Saarbrücker Kriegs-Chronik.

Saar, Wohlfahrtsausgabe zugunsten des Roten Kreuzes, 7. Mai 1956.

ling – heute für »Künstler« meist unvorstellbar – seine Militärdienstpflicht als Einjährig-Freiwilliger. Dabei erwarb er sich jene militärischen Detailkenntnisse, die später so hilfreich bei seinen künstlerischen Arbeiten des militärischen Genres sein sollten. Anfang der 80er Jahre ließ sich Carl Röchling in Berlin nieder. Dort beteiligte er sich 1881 erstmals an einer Kunstausstellung mit dem Bild »Der erste Gefangene von Saarbrücken«. Auch auf den folgenden Kunstausstellungen der Jahre 1883, 1884 und 1886 war der junge Maler mit Gemälden aus dem Geschehen des Deutsch-Französischen Krieges vertreten. Das Museum in Breslau kaufte sein Bild »Der Sturm auf den Gaisberg« an.

Überhaupt standen im künstlerischen Lebenswerk Carl Röchlings die Ereignisse des Deutsch-Französischen Krieges bei seiner Heimatstadt Saarbrücken im Mittelpunkt. Dieser Themenkreis fand mit der umfangreichen Illustration der »Saarbrücker Kriegs-Chronik« von Albert Ruppersberg im Jahre 1895 ihren Höhepunkt. Zwar dem Patriotismus jener Zeit folgend, geben Röchlings 115 Zeichnungen doch nicht nur bildhafte Einblicke in den Verlauf der Kampfhandlungen wieder, sondern belegen auch die Widersprüchlichkeit des Soldatendaseins in einem Krieg recht realistisch. Eine jener Zeichnungen Carl Röchlings – der »Verbandplatz im Steinbruch an der Metzer Straße« – wurde 1956 im Saarland als Motiv für eine Wohlfahrtsbriefmarke zugunsten des Roten Kreuzes gewählt.

Die Vielzahl der Arbeiten Carl Röchlings kann und soll hier nicht aufgeführt werden. Unter seinen Bildern befanden sich manche mit Landschaftsmotiven von der Ostsee, aus Württemberg und aus dem Spreewald wie die von 1904 bis 1907 entstandenen Werke »Herbstmorgen«, »Hinterpommerscher Bauernhof«, »An der Elbe bei Besigheim«, »Das alte Schloß in Talheim« und »Herbststimmung«. Natürlich gehört auch das schon 1888 ausgestellte Gemälde »Schwarzwälder Flößer auf der Enz« (s. Tafel O, oben) zu ihnen. Zivile wie militärische Motive vereinte Carl Röchling gelungen im »Marsch durch das Heimatsdorf. Manöver in Baden« (1887; s. S. 29). Kunsthistoriker mögen das dargestellte Ereignis als Idealisierung des Militärlebens beurteilen, aber wer seinen Militärdienst geleistet hat, kann auf derartige Erlebnisse gerade auf dem Lande zurückblicken.

Die meisten der Gemälde Carl Röchlings sind heute nicht mehr oder nur sehr schwer nachzuweisen. Etliche wurden durch die Einwirkungen des Zweiten Weltkrieges zerstört. Mit einigen verbindet sich durchaus eine besondere Geschichte.

Auch aus diesem Grunde und durch die Art und Weise der Entstehung gehört der »Angriff der 1. Garde-Division auf St. Privat, 18. August 1870« zu den bemerkenswerten Schlachtengemälde des Malers. Das Bild ist tatsächlich (nicht nur vermutlich) 1896 auf eine Anregung von Kaiser Wilhelm II. entstanden. Dieser hatte ein Jahr zuvor die Idee zum Gemälde auf die Rückseite einer Menükarte skizziert. Die Skizze ist erhalten geblieben und befindet sich heute in Privatbesitz. Ebenso über-

Die Skizze Kaiser Wilhelms II.

stand das Originalgemälde (153,5 cm x 278,5 cm) den Zweiten Weltkrieg und auch die folgende Bilderstürmerei. Zusammen mit drei weiteren Werken des Malers (zwei zum Sturm des preußischen I. und II. sowie des III. Bataillons Garde auf Leuthen in der gleichnamigen Schlacht am 15. Dezember 1757 und eines zum 1. Garde-Regiment zu Fuß bei Chlum, die Eroberung »der Batterie der Toten«, am 3. Juli 1866) lagerte es seit 1945 im Depot der Stiftung Preußische Schlösser und Gärten im Neuen Palais in Potsdam. Von dem 1866er Bild besitzt das Wehrgeschichtliche Museum in Rastatt einen Entwurf in Guasch.

Das St. Privat-Gemälde hatte Kaiser Wilhelm II. den »Alten Herren« des 1. Garde-Regiments zu Fuß geschenkt. Es hing bis 1918 im Speisesaal des Regimentshauses in der Potsdamer Mammonstraße und dann von 1923 bis 1945

Angriff deer 1. Garde-Division auf St. Privat, 18. August 1870 (Bildausschnitt).

im dortigen Garnsion-Museum im Marstall (freundliche Mitteilung von Herrn Matthias W. Moritz). Militärgeschichtlich ist die Schlacht sehr interessant: Einmal war es – durch Irrtum oder fehlerhaftes Herangehen der Führung – statt zu der umfassenden Entscheidungsschlacht zu der blutigsten Frontalschlacht des Deutsch-Französischen Krieges gekommen. Es gab 20 000 deutsche und 12 000 französische Tote. Zum anderen besiegelte das Schnellfeuer der französischen Infanterie in der Taktik das Ende der veralteten Kompaniekolonne.

Auf dem Gemälde stellte Carl Röchling den Moment des letzten Anlaufs des 1. Garde-Regiments zu Fuß auf St. Privat-la Montagne gegen 19.30 Uhr dar. Erst das Eingreifen der sächsischen Truppen, die das Dorf links umgingen, rettete die preußische Garde vor dem Untergang.

Das zweifellos historisch bedeutsamste Werk Carl Röchlings ist sein Gemälde »The Germans to the front!«. Es fand – mehrmals reproduziert – seinen Weg in nahezu alle national gesinnte deutsche Haushalte. Abgebildet ist der Guasch-Entwurf aus dem Jahre 1902 (im Bestand des Wehrgeschichtlichen Museums in Rastatt; s. Tafel N) für das 1903 im Auftrag von Kaiser Wilhelm II. fertiggestellte Ölgemälde. In seinem Arbeitszimmer hing es auch bis 1918. Heute soll es zum Museumsbestand des Hauses Doorn in den Niederlanden zählen (Jürgen Schultz). Carl Röchling hatte wohl sogar das deutsche Kontingent einer internationalen Interventionstruppe auf den chinesischen Kriegsschauplatz begleitet. Dort war 1900 als Reaktion auf das zunehmende Eindringen von Fremden der sogenannte Boxeraufstand, benannt nach einem der größten fremdenfeindlichen Geheimbünde, ausgebrochen. Dieser legitime Widerstand der Chinesen wurde jedoch letztlich durch die internationalen Truppen niedergeworfen.

Das Gemälde selbst ist ein recht typisches Beispiel für die Historienmalerei jener Zeit: nicht ganz falsch, aber auch nicht völlig richtig. Trotzdem erzielte es durchaus die beabsichtigte Wirkung auf den Betrachter. Gezeigt wird eine wichtige Episode des am 10. Juni 1900 auf Peking begonnenen Marsches eines Korps aus Amerikanern, Briten, Deutschen, Franzosen, Italienern, Japanern, Österreichern und Russen in Stärke von 2 129 Mann unter dem englischen Vizeadmiral Seymour in der Phase ihres Scheiterns. Während des Rückzuges, begonnen am 19. Juni 1900, sah sich die Truppe fortgesetzten chinesischen Angriffen gegenüber. Diese führten in der Nacht vom 21. zum 22. Juni (2.00 Uhr) bei Peitsang am Fluß Peiho zu einer kritischen Situation für die an der Spitze befindlichen Amerikaner und Engländer. Seymour beorderte deshalb die in der Mitte der Kolonne marschierenden Deutschen (Kapitän zur See von Usedom mit 19 Offizieren und 487 Mann sowie zwei Ärzten) mit jenem legendären Ruf »The Germans to the front!« zur Unterstützung nach vorne. Alles spielte sich also in der Nacht ab, die handelnden Hauptpersonen befanden sich nicht auf so engem Raum beieinander und, es war ein ganz normaler Befehl, keine besondere Auszeichnung, wie sie das Bild vermittelte.

Der Betrachter findet links am Bildrand den englischen Vizeadmiral eben diesen Befehl gebend, dann unter der Reichskriegsflagge Kapitän zur See on Usedom (übrigens 1925 in Schwerin gestorben und beigesetzt; das Grab ist erhalten) und an der Spitze seiner 119 Mann starken Kompanie vom Großen Kreuzer »Kaiserin Augusta« den Korvettenkapitän Oltmann Buchholz (1. Offizier des Schiffes; geboren am 27. März 1862 in Geestemünde). Dieser Stabsoffizier fällt ungefähr zwölf Stunden später durch Herzschuß auf dem Wall des Arsenals von Hsiku, als er zusammen mit einem englischen Marineunteroffizier von dort die feindliche Artillerie mit zwei erbeuteten chinesischen 5,3-cm-Geschützen bekämpfte.

Interessante Momente des künstlerischen Schaffens von Carl Röchling bildete auch seine Mitarbeit an den Schlachtenpanoramen für Sedan und Chattanooga (USA). Den Auftrag für Sedan hatte Röchlings bewunderter Lehrer Anton von Werner erhalten. Dieser konnte eine so umfangreiche Aufgabe nur mit vielen fähigen Mitarbeitern bewältigen, zu denen neben Carl Röchling (zuständig für die Infanterie) noch Eugen Bracht, Carl Schirm, Georg Koch und Richard Friese gehörten. Noch selbständiger vermochte Carl Röchling bei dem Chicagoer Panorama der Schlacht zwischen Truppen der verfeindeten Nord- und Südstaaten am 25. November 1863 zu wirken. Aufgrund von Arbeitsüberlastung hatte Anton von Werner den Auftrag an Georg Koch und Carl Röchling weitergegeben

In breiten Teilen des Volkes und des Militärs wurde Carl Röchling wie Richard Knötel nicht nur mit historischen Szenen zu Gefechten und Schlachten zu einer Institution der Historienmalerei, sondern viele derartige Themen fanden Eingang in die wirklichen Volksbücher »Der alte Fritz« (1895), »Königin Luise« (1896) und »Friedrich der Große« (1906). Ebenfalls mit Richard Knötel schuf er die »Chronik des Ersten Garde-Regiments zu Fuß und dessen Stamm-Truppen 1675 – 1900« (mit fünf der zwölf Bilder; Berlin1902) und den Bildteil des ebenso angelegten Werkes »Das Großherzoglich Hessische Leibgarderegiment in Aquarellen …« (mit sieben der zwölf Bilder; Darmstadt 1897). Heute sind es sehr gesuchte Werke von hohen Kosten. Auch für andere Buchwerke ist Carl Röchling als gefragter Illustrator tätig gewesen, so bei den zwei Bänden von Hermann Müller-Bohn »Die deutschen Befreiungskriege. Deutschlands – Geschichte von 1806 bis 1815« (Berlin 1907/1908). In manchen Zigarettenbilder-Sammelalben finden sich ebenfalls Reproduktionen der Werke Carl Röchlings, zum Beispiel in »Bilder deutscher Geschichte« (Hamburg 1936).

Auf schriftliche Weise hat sich Carl Röchling über sein künstlerisches Werk so gut wie gar nicht geäußert. Wohl nur ein einziges Mal schrieb er über den wichtigsten Bereich seiner Arbeiten. Im Jahre 1905 veröffentlichte er in der Zeitschrift »Ueberall« den von ihm im »Verein für Heereskunde« gehaltenen, schon angeführten Vortrag »Ueber die Entstehung von Schlachtenbildern«. In diesem Zusammenhang veröffentlichte er über den eigentlichen Beitrag hinaus einige Studien zu seinen Gemälden, so zu »Großgörschen« und zum »Sedan-Panorama«. Interessant sind insbesondere die wenigen Aussagen zu seiner Arbeitsweise. So schrieb er einmal in Bezug auf die Verwendung von Photographien: »Ich habe mir zu einem der letzten Bilder, ‚70er bei St. Quentin', wozu ich sehr wenig Zeit hatte, eine Anzahl Momentaufnahmen gemacht,

von welchen ich kaum drei benutzen konnte. Alle waren steif, drückten das Rennen nicht aus, obwohl Brotbeutel und Rockschöße flogen. Zu einer nach der Skizze gewollten Bewegung wird man nie die gewünschte Bewegung mit dem Apparat erwischen. Die Zeitaufnahmen geraten viel besser, nachdem man lange Reden an ein begabtes Modell gehalten hat.« Er fährt dann zur notwendigen Einbeziehung der Landschaft in ein Schlachtengemälde fort: »Im übrigen muß ein Schlachtenmaler in allen Stimmungen der Landschaft und allem Detail bewandert sein und sehr viele Landschaftsstudien gemacht haben, sonst kann er nicht im Winter grüne Wiesen und Fruchtfelder von 1866 malen und ebenso wenig im Sommer eine Winterlandschaft. Auch betreffs der Landschaft muß sich der Künstler bei ortskundigen alten Leuten erkundigen, die wissen, wie sie damals aussah. Die alten Chausseebäume sind meist verschwunden, und was vor 35 Jahren Schonung war, ist jetzt durchforsteter Hochwald und umgekehrt. Viele wichtige Details sind in zeitgenössischen Briefen erhalten, und mancher Mitkämpfer hat viel aufgefasst, während der Unbegabtere sich an nichts erinnert oder im Verhältnis zur Landschaft ganz unverständliche Angaben macht.«

Abschließend sei festgestellt, daß Carl Röchling natürlich nicht nur der trockene Historien- und Schlachtenmaler war. Am Anfang seiner Studienzeit in Berlin glänzte er mit der phantasievollen Kreation für den Festzug und die Kostümierung des von der Berliner Künstlerschaft im Mai 1882 in Bernau veranstalteten »Hussitenfestes«. Ernst Hildebrand, auch ein Historienmaler jener Zeit, malte Carl Röchling in diesem Zusammenhang als Landsknecht. Letztlich muß sich jede Betrachterin und jeder Betrachter der Arbeiten Carl Röchlings selbst ein Urteil über den Künstler bilden. Viele der Gemälde dieses Künstlers und in erster Linie auch seine Bildmappe „Unser Heer" bieten viele Anregungen für die Gestaltung von Dioramen mit kulturhistorischen Zinnfiguren.

Zum Ersten Weltkrieg, dessen Verlauf er noch bis zum bitteren Ende erlebte, sind nur wenige Werke Carl Röchlings bekannt. Vielleicht war seine Schaffenskraft doch zu Ende gegangen, denkbar ist auch, daß ihn der Tod seines Sohnes im Kriege resignieren ließ. Am 6. Mai 1920 starb Carl Röchling 64jährig in Berlin.

Tafel A: Carl Röchling als Gymnasiast in den Kämpfen bei Saarbrücken im August 1870.

Tafel B: Kaiserliche Landsknechte, Trommler und Pfeifer um 1500.

Tafel C: „Die Fürstliche Leibkompagnie 1664“ und „Erstürmung der Platte bei Wiesbaden 1796“ (beide als Guaschen im Wehrgeschichtlichen Museum Rastatt – hier wiedergegeben – und gedruckt bei Phaland).

Tafel D: „Preußische Grenadiere vertreiben die sächsische Garde aus der Guhle zwischen Pilgramhain und Günthersdorf (in der Schlacht bei Hohenfriedeberg 1745)“, eine Variante des Bildes ist auf S. 32, und „Drittes Bataillon Regiments-Garde in der Schlacht bei Leuthen 1757“ (dieses Bild aus: Chronik).

Tafel E: „Märkische Musketiere und Grenadiere auf dem Eilmarsche von Mähren nach Küstrin, August 1758“ (aus: Der alte Fritz ..., S. 30) und „Friedrich der Große bei Zorndorf, 25. August 1758, das Regiment von Bülow vorführend“ (aus: Deutsche Helden, Dresden 1933, S. 15).

Tafel F: „Kapitulation Blüchers bei Ratkau (7. November 1806)“ und „Die Reste des Bataillons Garde bei ihrem Durchzuge durch Memel (14. Januar 1807)“ (beide in: Die Königin Luise ..., S. 33 und 34).

Tafel G: „Das Füsilier-Bataillon bei Groß-Goerschen-Kaja. 2.5.1813“ (aus: Chronik) und „Grossherzogs Leibkompagnie auf dem Exercirplatz. 1838“ (aus: Phaland).

Tafel H: „Das Infanterieregiment Nr. 34 defiliert nach dem Feldzug gegen Dänemark 1864 vor seinem Inhaber König Wilhelm I., König von Preußen, unter den Linden in Berlin“ (1903; s. auch S. 32) und „Das I. Garde-Regiment zu Fuß bei Chlum 1866“ (Königgrätz, 3. Juli 1866, Eroberung der „Batterie der Toten“ – hier Guasch im Wehrgeschichtlichen Museum Rastatt als Gemäldeentwurf; das Gemälde galt als verschollen, befindet sich jedoch restauriert im Sitz der Stiftung Preußische Schlösser und Gärten in Berlin).

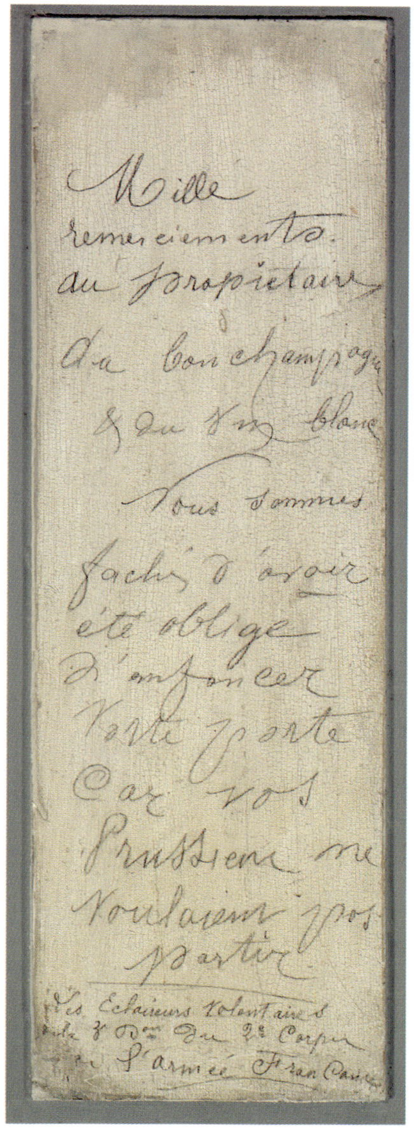
Mille
remerciements.
au propiétaire
du bon champagne
& du vin blanc
Nous sommes
fachés d'avoir
été obligé
d'enfoncer
votre porte
Car vos
Prussiens ne
voulaient pas
partir
Les Eclaireurs volontaires
[illegible] du 2e Corps
[illegible] l'armée Française

Tafel I: Weintrinkende französische Soldaten im Hause der Familie Röchling in Saarbrücken, Anfang August 1870; daneben die Originaleintragung ihrer Anwesenheit dort.

Tafel J: Angehörige des Füsilier-Regiments Nr. 40 und ein gefangener französischer Soldat im Winter 1870.

Tafel K: „Das Danziger Landwehr-Bataillon und das 113. Badische Infanterie-Regiment schlagen das 24. französische Armeekorps am 15. Januar 1871 bei Bussurel an der Lisaine" und „Patrouille des Ulanen-Regiments Großherzog Friedrich von Baden, Juli 1870" (Guasch, beide im Wehrgeschichtlichen Museum Rastatt).

Tafel L: „St. Privat. 18.8.1870" (aus: Chronik) und „Hessische Garde-Jäger auf Vorposten von Orléans. 1870" (aus: Phaland).

Tafel M: Von der Zigaretten-Werbung genutzte Gemälde Carl Röchlings: „Auszug der Landwehr in den Befreiungskampf. Frühling 1813“, „Das Heldenmädchen Eleonore Prohaska“, „Erstürmung des Landauer Tores zu Weissenburg , 4. August 1870“ und „Erstürmung des Eisenbahndammes bei Nuits durch die Badener, 18. Dezember 1870“ (aus: Bilder Deutscher Geschichte, Hamburg 1936, Abb. 134, 142, 165 und 185).

Tafel N: „Parade im Lustgarten. 9.2.1894“ (Kaiser Wilhelm II. und das 1. Garde-Regiment zu Fuß in Potsdam, aus: Chronik) und „The Germans to the front“ (Guasch, 1902, Wehrgeschichtliches Museum Rastatt).

Tafel O: „Schwarzwälder Flösser auf der Enz“ und Gemälde eines Gebäudes (nicht näher zu bestimmen).

Tafel P: Hindenburg und Ludendorff reiten entlang gefangener russischer Soldaten und Kriegsweihnacht 1914 (beide nicht näher zu bestimmen).

Das Militär des Deutschen Reiches um 1890

Mit den Jahren ist eine Vielzahl wissenschaftlicher und populärwissenschaftlicher sowie belletristischer Literatur zum »Militär der Kaiserzeit« entstanden. Trotzdem mag eine knappe Übersicht an dieser Stelle für das Verständnis des Großteils der Bilder Carl Röchlings und besonders seiner Bildmappe »Unser Heer« hilfreich sein. Diese Übersicht muß jedoch auf organisatorische Aussagen beschränkt bleiben.

An der Spitze des Deutschen Reiches war noch 1888 der junge Kaiser Wilhelm II. auf seinen verstorbenen Großvater Wilhelm I. dem Vater Friedrich III. gefolgt. In der Leitung der Politik hatte er 1890 den Reichskanzler Fürst Bismarck durch den Militär Leo von Caprivi (s. den Text zu Tafel Nr. 2) ersetzt. Schon 1888 war an die Stelle des einflußreichen Chefs des Generalstabes für Generalfeldmarschall von Moltke (s. Manfred Jatzlauk, Helmuth von Moltke, Schriften des Ateliers für Porträt- und Historienmalerei, Band 6, Schwerin 2000) der politisierende, ehrgeizige Alfred von Waldersee getreten. Außenpolitisch nahm Deutschland eine gefestigte Stellung in Europa ein – beruhend auf einem kompliziert-kunstvollen Geflecht sich einander stützender Bündnisse und Verträge. Im Innern des Landes, das 1890 rund 49 Millionen Einwohner zählte, von denen knapp zwei Drittel bereits in den Städten lebte und arbeitete, war gerade der offene Kampf gegen die aufstrebende Sozialdemokratie mit dem Sozialistengesetz (1878 in Kraft getreten) generell und insbesondere im Militär gescheitert. Allerdings gelang es der Sozialdemokratie auch nicht, über die Arbeiterschaft hinaus in anderen Volksschichten Fuß zu fassen.

Obwohl immer wieder von der deutschen Armee gesprochen und geschrieben wird, gab es eine solche nicht. Auf der Grundlage der Verfassung des Deutschen Reiches vom 16. April 1871, d.h. vor allem ihres das Reichskriegswesen behandelnden Absatzes XI, aber auch anderer Gesetze und Bestimmungen wurde faktisch die Organisation des norddeutschen Bundesheeres fortgesetzt bzw. übernommen. Die Landmacht des Reiches setzte sich formal aus der preußischen,

Der Marsch durch das Heimatsdorf. Manöver in Baden.

bayerischen, sächsischen und württembergischen Armee mit ihren Generalstäben und Militärverwaltungen zusammen. Zudem galten die in die preußische Armee aufgenommenen Kontingente von Mecklenburg-Schwerin, Mecklenburg-Strelitz und Hessen als »selbständig«, während die badischen Truppen zu den »nichtselbständigen« gehörten. Der bundesstaatliche Aufbau des Heeres äußerte sich vor allem in der landsmannschaftlichen Bezeichnung der Truppenteile, geringen Besonderheiten in der Uniformierung, dem Recht der Landesherren auf Ernennung der Offiziere und noch einige weitere Sonderrechte. Die oberste Kommandogewalt lag – mit Ausnahme Bayerns im Frieden – bei Kaiser Wilhelm II. Der Reichstag konnte über das Budgetrecht einen gewissen Einfluß auf die Entwicklung des Heeres ausüben. Dem Kaiser standen verschiedene Führungsinstitutionen zur Seite; noch treffender, sie übten die militärische Macht aus bzw. hatten sich dafür miteinander zu arrangieren.

Obwohl es auch ein bayerisches, sächsisches und württembergisches Kriegsministerium gab, nahm faktisch das preußische Kriegsministerium eine gesamtstaatliche Funktion wahr, d.h. unter seine Zuständigkeit fielen die Organisations-, Ausrüstungs-, Bewaffnungs-, Befestigungs-, Ausbildungs- und Versorgungsfragen. Insbesondere vertrat es den Reichskanzler vor dem Reichstag in allen gemeinsamen Angelegenheiten der Militärverwaltung. Preußischer Kriegsminister von 1890 bis 1893 war General der Infanterie von Kaltenborn-Stachau.

Das Militärkabinett arbeitete vor allem als unmittelbares Organ der Kommandogewalt des preußischen Königs und Deutschen Kaisers zur Bearbeitung von Personalsachen der Offizierkorps. Sein Chef, von 1888 bis 1901 war es der spätere Generalfeldmarschall von Hahnke, war nur dem Monarchen verantwortlich. Als einziger Militär hatte er wöchentlich Vortrag bei Wilhelm II. und wohnte auch nahezu allen anderen militärischen Immediatvorträgen bei.

Zu einer weiteren wichtigen, im Kriegsfall entscheidenden Institution hatte sich seit den Einigungskriegen von 1864, 1866 und 1870/1871 unter seinem Chef, Generalfeldmarschall von Moltke, der preußische Große Generalstab entwickelt. Er übte ebenfalls eine gesamtstaatliche Funktion zur Sicherung der Einheitlichkeit strategisch-operativer Vorbereitungen für eventuelle Kriege aus. Sein Einfluß auf Stärke, Organisation, Ausbildung, Ausrüstung und Bewaffnung blieb aber in dieser Zeit noch begrenzt und abhängig vom Kriegsminister und vom Chef des Militärkabinetts. Dem Großen Generalstab – nun unter General der Kavallerie von Waldersee – gehörten auch bayerische, sächsische und württembergische Offiziere an.

Neben weiteren militärischen Stellen sind unbedingt die Kommandierenden Generale zu nennen. Das Generalkommando eines Armeekorps mit jenem Kommandierenden General an der Spitze bildete in Friedenszeiten die höchste Kommandobehörde unter dem Kaiser (nur in Bayern blieb dieser General dem Kriegsminister unterstellt), war diesem für die Leistungsfähigkeit seines Korps verantwortlich, bestimmte die Ausbildung seiner Truppen, die Handhabung der Disziplin und die Verwaltung. Bei einer eventuellen Erklärung des Belagerungszustandes und im Falle des Krieges ging die gesamte vollziehende Gewalt seines Territorialbereiches (in der Regel eine Provinz) auf ihn über. Auch die Generalinspekteure der 1890 bestehenden fünf (bis 1914 wurden es acht) Armeeinspektionen besaßen nur das Recht, ihre Korps zu besichtigen, jedoch keine Befehlsgewalt. Sie waren für die Führung der im Falle eines Krieges aufzustellenden Armeen vorgesehen.

Im Jahre 1890 waren am 1. Februar zwei neue Armeekorps gebildet worden: das XVI. in Metz und das XVII. in Danzig. Somit umfaßte die Organisation dieses deutschen Reichsheeres – ebenfalls nur knapp gestreift – in den Jahren 1890 und 1914 einen Anstieg von 20 auf 25 Armeekorps bzw. von 43 auf 50 Divisionen. Hinzu kam eine Kavalleriedivision. Innerhalb dieser Verbände stieg die Zahl der einzelnen Truppenteile und Einheiten natürlich ebenfalls an:

Infanterie- und Jägerbataillone	538 auf 669
Kavallerieeskadrons	465 auf 547
Feldartilleriebatterien	434 auf 633
Fußartilleriekompanien (ab 1908 Bataillone)	124 auf 190
Pionierbataillone	20 auf 35
Trainbataillone	21 auf 25

Unter Waffen standen im Jahre 1890 als Gesamtfriedensstärke (einschließlich der Offiziere, Einjährig-Freiwilligen, Ärzte und Beamte) 519 492 Mann. Hinzu kamen 93 650 Dienstpferde. Seit dem Deutsch-Französischen Krieg 1870/1871 galt die Infanterie als schlachtentscheidende Waffengattung. Die Zahl der Infanterieregimenter wuchs von 170 des Jahres

1890 bis 1914 auf 217. Im wesentlichen blieben die Gliederung und die Stärken gleich, d.h. jedes Armeekorps besaß zwei Divisionen, jede Division hatte meist zwei, einige drei Infanteriebrigaden und ebenso jede Brigade zwei, nur einige drei Infanterieregimenter. Von wenigen neuaufgestellten Infanterieregimentern mit zwei Bataillonen abgesehen, gliederte sich der Truppenteil in drei Bataillone, das Bataillon zu vier Kompanien und die Kompanie in drei Züge. Im Frieden zählte ein Bataillon 20 Offiziere und Beamte sowie ungefähr 600 Mann. 1914 war eine Kriegsstärke von 26 Offizieren und Beamten sowie 1 054 Unteroffiziere und Mannschaften geplant.

Im Frieden existierte nur beim preußischen Gardekorps eine Kavalleriedivision aus vier Brigaden zu je zwei Regimentern. Erst bei der Mobilmachung für den Krieg sollten sofort Kavalleriedivisionen aus in der Regel drei Brigaden zu je zwei Regimentern sowie zwei bis drei Batterien reitender Artillerie gebildet werden. Diese Kavallerieverbände hatten den feindlichen Aufmarsch aufzuklären, den eigenen zu verschleiern sowie in der Schlacht – immer noch – sogar noch durch die Attacke mit blanker Waffe eine Entscheidung herbeizuführen. Heute, zum Teil auch damals, bleibt unverständlich, daß noch 1890 die gesamte Kavallerie mit der Lanze ausgerüstet worden war.

Bei der Artillerie trat die schon 1872 begonnene Trennung der Feldartillerie von der für den Festungskrieg bestimmten Fußartillerie und damit der Ausbau ersterer zur dritten Waffengattung neben der Infanterie und der Kavallerie vor allem mit der Unterstellung der Feldartillerie-Brigaden unter den direkten Befehl der Armeekorps in die entscheidende Phase. Aber erst 1899 kamen diese Brigaden – je eine – unter das Kommando der Divisionen. In der Uniformierung fand das seinen Ausdruck dadurch, daß die Angehörigen der Feldartillerie die farbigen Schulterklappen ihrer Armeekorps erhielten, während die der preußischen Fußartillerie durchweg weiße Schulterklappen trugen. 1890 war die Feldartillerie durchgängig mit der doch technisch überholten Feldkanone C 73/88 von einem Kaliber von 8,8 cm als Einheitsgeschütz für allen Batterien ausgestattet.

Aus den Erfahrungen des Deutsch-Französischen Krieges begann die militärische Führung den Festungs-Pionierdienst, namentlich die Ausbildung der Mineure, zugunsten der Entwicklung zum »Einheitspionier« zu vernachlässigen. Angestrebt wurde die Zugehörigkeit dieser Pioniere zu den Kampftruppen. 1890 verfügte jedes der 20 Armeekorps über ein Pionierbataillon.

Nähere Angaben zu diesen Waffengattungen und zu anderen Gegebenheiten des deutschen Reichsheeres finden sich in den folgenden Erläuterungen zu den von Carl Röchling geschaffenen Lichtdrucktafeln seiner Bildmappe »Unser Heer«.

„Preußische Grenadiere in der Schlacht bei Prag, 6. Mai 1757" (aus: Im Auf und Ab zur Weltmacht, S. 62; als Variante des Gemäldes auf Tafel D, oben) und „Das Infanterieregiment Nr. 34 defiliert nach dem Feldzug gegen Dänemark 164 vor seinem Inhaber Wilhelm I., König von Preußen, unter den Linden in Berlin (aus: Sechzig Jahre Wehrmacht. 1848-1908, Wien 1908, S. 129; eine geringe Abwandlung der Szene findet sich auf Tafel H, oben).

Bildtafeln mit Erläuterungen

Bei den Überschriften der Tafeln wurde die Originalschreibweise beibehalten.

Tafel 1 SE. MAJESTÄT BEI DER PARADE IN POTSDAM

»Die Potsdamer Frühjahrsparade hat ihresgleichen nirgends gehabt. Sie vereinte die schönsten Truppen der Welt auf einem Boden, dessen große geschichtliche Bedeutung in der ganzen Welt bekannt war. Auf engstem Raum zusammengedrängt, konnten Aufstellung und Vorbeimarsch der starken Potsdamer Garnison in einem einzigartigen unendlich farbenfreudigen Bild überblickt werden, welches den Soldaten wie den Laien immer wieder anzog», hieß es rückblickend in der Geschichte des 1. Garde-Regiments zu Fuß (zit. nach Zappe, S. 98).

Carl Röchling stellte offenbar den Beginn der Frühjahrsparade des Jahres 1890 dar. Kaiser Wilhelm II., in der Paradeuniform des Regiments der Garde du Corps, dessen Chef er auch war, reitet mit militärischem Gefolge die Front der angetretenen Truppen der Potsdamer Garnison ab - hier das 1. Garde-Ulanen-Regiment. In des Kaisers Begleitung lassen sich erkennen: Generaloberst der Infanterie mit dem Range eines Generalfeldmarschalls von Pape, Oberkommandierender in den Marken und à la suite des 2. Garde-Regiments zu Fuß, in der allgemeinen Generalsuniform, dann Generalfeldmarschall Albrecht Prinz von Preußen, Generalinspekteur der 1. Armeeinspektion als Chef des 1. Brandenburgischen Dragoner-Regiments Nr. 2, und der Kommandierende General des Garde-Korps, General der Infanterie Freiherr von Meerscheidt-Hüllessem als Chef des Infanterie-Regiments Nr. 41 (v.l.n.r.).

Wie lief nun diese Frühjahrsparade ab? Dem Stadtschloß gegenüber standen die Bataillone des 1. Garde-Regiments zu Fuß; im rechten Winkel zu ihnen mit dem Rücken an die Havel die Musik und die Spielleute des I. Bataillons, rechts davon die Leibgendarmerie und die höheren Vorgesetzten. Dem Regiment schlossen sich das Lehr-Infanterie-Bataillon, das Garde-Jäger-Bataillon sowie die Unteroffizierschule an. Die Kavallerie, d. h. Regiment Garde du Corps, Leib-Garde-Husaren-Regiment, 1. und 3. Garde-Ulanen-Regiment, hielten teils vor den Hecken, teils vor der ehemaligen Regierung. Dann kamen Kadettenhaus, Kriegsschule und die Schloßgarde-Kompanie, die schon an der mit Zuschauern gefüllten Rampe des Stadtschlosses aufgestellt waren. Eine Viertelstunde vor Paradebeginn präsentierten diese Truppen vor den Fahnen und Standarten.

Mit dem Glockenspiel der Garnisonkirche ritt der Kaiser mit seinem Gefolge in den Lustgarten ein. Die purpurne preußische Königsstandarte wurde auf dem Schloß gehißt. Kommandos erschallten und die Militärmusik spielte den preußischen Präsentiermarsch, der in die Nationalhymne überging. Sodann rief die Garnison ihrem Obersten Kriegsherrn ein dreifaches »Hurra» entgegen. Wilhelm II. begrüßte bei dem Abreiten der Front jeden Truppenteil mit »Guten Morgen«.

Höhepunkt der Frühjahrsparade war der Vorbeimarsch der Garnison, der stets von den beiden Zügen der Leibgendarmerie eröffnet wurde. Dann »lockten« die Spielleute des 1. Garde-Regiments zu Fuß und der erste Vorbeimarsch der Infanterie erfolgte in Zügen; die Kavallerie schloß sich ebenso an. Der zweite Vorbeimarsch vollzog sich in Kompanie- und Eskadronsfronten und war nicht ganz einfach.

Mit der Verstärkung der Potsdamer Garnison ab 1898 durch die 2. Garde-Feldartillerie-Brigade und die Garde-Maschinengewehr-Kompanien des 1. Garde-Regiments zu Fuß im Jahr 1901, des Garde-Jäger-Bataillons und des Lehr-Infanterie-Bataillons 1913 sowie letztlich der Radfahrerkompanie des Garde-Jäger-Bataillons wurde der Platz immer enger.

Als Stiftungstag des 1. Garde-Ulanen-Regiments gilt der 14. April 1819, als ein Garde-Landwehr-Kavallerie-Regiment aus der Posenschen Garde-Landwehr-Eskadron entstand. Im Juni 1819 erhielt es Potsdam als Garnison, wurde dort durch A.K.O. vom 3. August 1821 nach einer Verdoppelung der Eskadronen in das 1. und 2. Garde-Landwehr-Kavallerie-Regiment geteilt und erhielt endlich am 2. Oktober 1851 diese Bezeichnung. Zur Uniform auf dieser Frühjahrsparade gehören der Tschapka mit weißem Haarbusch, die blaue Ulanka mit roten polnischen Ärmelaufschlägen und rotem Kragen (auf ihnen jeweils weiße bzw. silberne Gardelitzen), weißer, rot paspelierter Paraderabatte und weißen Knöpfen.

CRÖCHLING

Dem am 24. Februar 1831 in Berlin geborenen Leo Graf von Caprivi de Caprera de Montecuccoli sollte eine der ungewöhnlichsten Laufbahnen im Deutschen Reich bestimmt sein. Der junge Caprivi war am 1. April 1849 in das Kaiser Franz Garde-Grenadier-Regiment Nr. 2 als Kadett eingetreten und dort 1850 Portepeefähnrich (19. Januar) und Sekondeleutnant und damit Offizier (14. September) geworden. In diesem Regiment blieb er bis zum 16. Dezember 1861. Seine militärische und politische Entwicklung sei zunächst tabellarisch zusammengefaßt:

01. Oktober 1854	kommandiert zur Allgemeinen Kriegsschule (bis 30.9.1857);
31. Mai 1859	Premierleutnant;
20. Juni 1859	Regimentsadjutant (bis 21.4.1860);
15. Mai 1860	kommandiert zu topographischen Aufnahmen des Generalstabs in Ostpreußen;
17. Dezember 1861	Hauptmann sowie versetzt in den Generalstab des I. Armeekorps;
22. Dezember 1863	Generalstabsoffizier in der mobilen 5. Division;
15. Dezember 1864	Generalstabsoffizier der kombinierten Division der Elbherzogtümer;
28. Juni 1865	Kompaniechef im Infanterie-Regiment Nr. 64 (bis 2.2.1866);
03. April 1866	kommandiert zum Großen Generalstab;
20. Mai 1866	Generalstabsoffizier der 1. Armee (7. 6. Major);
14. September 1866	im Großen Generalstab;
30. Oktober 1866	Generalquartiermeister im Garde-Korps;
14. April 1870	Generalstabsoffizier beim X. Armeekorps und beauftragt mit der Vertretung des Chefs des Generalstabs;
18. Juli 1870	Chef des Generalstabs des X. Armeekorps (26.7.1870 Oberstleutnant; 18. 1. 1871 Orden Pour le mèrite);
02. Dezember 1871	Kriegsministerium (18. 1. 1872 Oberst; 30. 5. 1875 Rang eines Brigadekommandeurs; 22.3.1877 Generalmajor);
12. Januar 1878	Kommandeur der 5. Infanterie-Brigade;
06. April 1880	Kommandeur der 2. Garde-Infanterie-Brigade;
23. November 1882	mit der Führung der 30. Division beauftragt;
12. Dezember 1882	Generalleutnant und Kommandeur der 30. Division;
20. März 1883	Chef der Admiralität (bis 5. 7. 1888) und Rang als Vizeadmiral (rückwirkend ab 2. 2. 1880);
10. Juli 1888	reaktiviert (General der Infanterie seit 23. 4.) und Kommandierender General des X. Armeekorps (21. 9. 1889 Chef des Infanterie-Regiments Nr. 78);
21. März 1890	Reichskanzler (bis 26. 10. 1894) und preußischer Ministerpräsident (bis 18. 3. 1892; 17. 6. 1890 Schwarzer Adler-Orden).

Als Soldat hatte sich Caprivi verpflichtet gefühlt, diese hohen politischen Ämter zu übernehmen. Er konnte jedoch das große politische Spiel seines genialen Vorgängers Bismarck mit den drei oder fünf Kugeln, wie er selbst formulierte, nicht spielen. Dies wird durch die von ihm schon 1890 unterlassene Verlängerung des Rückversicherungsvertrages mit Rußland vor allem bestätigt. Dagegen zählten zwar die Verstärkung des Heeres um 84 000 Mann sowie die Einführung der zweijährigen Dienstzeit mit der am 8. August 1893 erfolgten Annahme des Gesetzes über die Wehrvorlage zu fachlichen Erfolgen. Auch sah Caprivi in der sozialdemokratischen Frage weitaus klarer als Wilhelm II. Letztlich mußte er - auch nach Intrigen seiner Gegner - um seine Entlassung nachkommen. Er erhielt sie am 28. Oktober 1894. Leo von Caprivi starb am 6. Februar 1899 in Skyren bei Crossen.

Carl Röchling stellte Caprivi als General im Überrock mit der Offizierschärpe und dem Infanterie-Offizierdegen 89 dar. Jedoch fehlen auf den Schulterstücken die je zwei Rangsterne des Generals der Infanterie und die roten Lampassen der Generale.

Tafel 3 REKRUT

König Wilhelm, unser Kaiser hat's selber gesagt,
Dass all' die jungen Burschen müssen werden einst Soldat!
Die Grossen und die Geraden die suchen wir uns aus,
Die Kleinen und die Schwachen die lassen wir zu Haus!

»Jeder Deutsche ist wehrpflichtig und kann sich in Ausübung dieser Pflicht nicht vertreten lassen», so der Artikel 57 der Verfassung des Deutschen Reiches. Die allgemeine Wehrpflicht ging davon aus, daß der Staat, welcher jedem Angehörigen die gleichen Rechte gewährt, diesem auch die gleichen Pflichten auferlegen kann.

Die Wehrpflicht im Deutschen Reich dauerte ab 1888 - aufgrund eines neuen Gesetzes vom 11. Februar sowie der darauf beruhenden »Wehrordnung» vom 22. November - vom jeweils vollendeten 17. bis 45. Lebensjahr. Körperlich und geistig ungeeignete Männer wurden nicht zum Militärdienst herangezogen. Auch die mit Zuchthaus Bestraften blieben ausgeschlossen (s. auch Tafel Nr. 35). Von der Wehrpflicht waren die Mitglieder regierender sowie mediatisierter, also ehemals reichsständischer, und solchen Häusern, denen die Befreiung mittels besonderer Rechtstitel zustand, ausgenommen. Allerdings meldeten sich nahezu alle gesunden männlichen Mitglieder jener Häuser freiwillig.

Die Wehrpflicht unterteilte sich vor allem in die Dienstpflicht im Heer oder in der Marine und in die Landsturmzeit. Erstere ging vom vollendeten 20. Lebensjahr bis zum 31. März des Kalenderjahres, in dem das 39. Lebensjahr vollendet wurde. Die Landsturmpflicht bestand für die gesamte Zeit dieser Wehrpflicht. Somit gehörte jeder männliche Deutsche sieben Jahre lang, in der Regel vom vollendeten 20. bis zum beginnenden 28. Lebensjahr, dem Stehenden Heer an, nämlich die ersten drei Jahre bei den »Fahnen» und die restlichen vier Jahre in der Reserve. Eine Ausnahme bildeten vor allem sogenannte Einjährig-Freiwillige (s. Tafel Nr. 7). Mit dem Gesetz vom 3. August 1893 wurde außer bei der Kavallerie und der reitenden Feldartillerie die Dienstpflicht bei der Truppe um ein Jahr herabgesetzt.

Nach der Zugehörigkeit zur Reserve folgte die Landwehrpflicht, also in der Landwehr I. Aufgebots über fünf Jahre sowie schließlich in der Landwehr II. Aufgebots bis zum Ende der Dienstpflicht. Zur Ersatzreserve für höchstens zwölf Jahre kamen jene voll tauglichen Dienstpflichtigen ab 20. Lebensjahr, welche aufgrund zu hoher Losnummern als überzählig nicht eingestellt werden konnten, dann die nur bedingt Tauglichen und zeitweise Untaugliche sowie solche wegen schwieriger familiär-wirtschaftlicher Verhältnisse.

Zuletzt sei noch die Einrichtung des Landsturms erwähnt, die alle Wehrpflichtigen vom vollendeten 17. bis zum vollendeten 45. Lebensjahr einschloß, die weder Heer noch Marine angehörten. Es waren die nichtgedienten Leute vom 17. bis 39. Lebensjahr, sodann die älteren Jahrgänge und die aus der Landwehr II. Aufgebots Ausgeschiedenen. Der Landsturm nahm im Kriegsfall an der Vaterlandsverteidigung teil und konnte auch zur Heeresergänzung herangezogen werden.

Unterschieden wurde zwischen einer Diensttauglichkeit mit und ohne Waffe. Die Tauglichen wurden nach Größe, Körperbeschaffenheit und Beruf für die jeweiligen Waffengattungen bestimmt. Die Mindestgröße lag bei 1,54 m (bei der Garde 1,70 m). Eine endgültige Entscheidung wurde nach Auswertung aller Musterungsergebnisse getroffen. Dann erst folgte das Aushebungsgeschäft der Oberersatzkommisssion. Die Ausgehobenen wurden meist einem regionalen Linienregiment zugewiesen. Nur die Garde ergänzte sich aus allen preußischen Provinzen sowie aus Elsaß-Lothringen.

Zum Bild Carl Röchlings sei die alte Tradition in Deutschland angemerkt, daß sich nach der Musterung die Tauglichen mit bunten Bändern an den Hüten schmückten und fröhlich durch die Straßen zogen. Historisch belegt ist das spätestens seit der 1824 von dem Erzähler Wilhelm Hauff getexteten Volksweise »Steh' ich in finstrer Mitternacht«. Hier heißt es in der zweiten Strophe:

Als ich zur Fahne fortgemüßt,
hat sie so herzlich mich geküßt,
mit Bändern meinen Hut geschmückt
und weinend mich ans Herz gedrückt.

Tafel 4 RESERVIST

»Was winkt so freundlich in der Ferne,
Mein liebes theures Vaterhaus!
Ich war Soldat und war's so gerne
Und jetzt ist meine Dienstzeit aus.«

Im Normalfall schieden die Mannschaften nach erfüllter Dienstpflicht von drei Jahren durch ihren Übertritt in den Beurlaubtenstand, also in die Reserve, aus dem aktiven Dienst. Bei den Unteroffizieren war es meist aufgrund ihrer längeren Dienstzeit schon die Landwehr, in die sie dann übertraten.

Wie immer gab es auch bei dieser Regelung vielgestaltige Ausnahmen. So erfolgten vorzeitige Entlassungen bei schweren Erkrankungen und nach Unfällen, wenn beide zu einer Dienstuntauglichkeit geführt hatten. Diese Männer erhielten eine, meist zeitlich befristete, Rente. Des weiteren konnte bei sehr gut beurteilten Soldaten eine frühere »Beurlaubung zur Disposition der Ersatzbehörden oder des Truppenteils« erfolgen. Dann mußten aber die freien Stellen durch andere Rekruten der Ersatzreserve oder durch Freiwillige gedeckt werden. Es war auch möglich, daß auf Ersuchen der engsten Familienangehörigen nach Antritt der Dienstzeit bei jetzt eingetretenen zwingenden persönlichen Gründen die vorzeitige Entlassung erfolgen konnte. Darunter fielen die einzigen Ernährer von Familien, auch erwerbsunfähiger Eltern, so die zur Führung eines Besitzes benötigten einzigen Söhne, schließlich die Söhne an Kriegsverletzungen verstorbener Soldaten, wenn Brüder die Unterstützung dieser Familie nicht durchführen konnten. Auch erst nach Diensteintritt erkannte oder nun erst geschehene Straftaten mit einer Verurteilung von über sechs Wochen führten zur Entlassung.

Die Entlassungen erfolgten nach den Herbstmanövern zum 1. Oktober. Nach einem letzten Appell wurde die Bekleidung auf der Kleiderkammer abgegeben. Soldaten ohne Zivilkleidung trugen ihre eigene Uniform oder wurden mit dem Militär-Entlassungsanzug ausgestattet. In jedem Falle war die Schulterklappe aufzurollen, was im Laufe der Zeit zum untrüglichen Zeichen der Reservisten wurde.

Bei dem von Carl Röchling gezeichneten Reservisten handelt es sich um einen Dragoner. Soweit in einer schwarz-weißen Zeichnung festzustellen, kann es sich um einen solchen des Dragoner-Regiments Nr. 9 oder Nr. 10 handeln. Sie trugen beide einen hellblauen Waffenrock mit weißem Kragen und ebensolchen Ärmelaufschlägen.

Das 1. Hannoversche Dragoner-Regiments Nr. 9 wurde am 30. Oktober 1866 als Dragoner-Regiment Nr. 9 aus dem preußischen Garde-Kürassier-Regiment, dem 1. und 2. Garde-Dragoner-Regiment und dem Garde-Husaren-Regiment gebildet. Als Stiftungstag erhielt es jedoch mit A.K.O. vom 24. Januar 1899 den 25. November 1805 zugewiesen, da es als eins mit dem ehemaligen Hannoverschen Regiment »Herzog von Cambridge-Dragoner« angesehen werden sollte. Dieses hatte 1807 in Dänemark, 1808 und 1809 in Spanien sowie von 1813 bis 1815 in Norddeutschland und Belgien gegen Frankreich gefochten. Noch 1866 errang es bei Langensalza einen letzten Sieg für Hannover gegen preußische Truppen.

Auch das Dragoner-Regiment Nr. 10 wurde am 30. Oktober 1866 aus Abgaben anderer Kavallerieregimenter (Kürassier-Regiment Nr. 3, Dragoner-Regiment Nr. 1 und 1. Leib-Husaren Regiment Nr. 1) errichtet, doch erst mit der A.K.O. vom 5. September 1894 führte es die Bezeichnung »Dragoner-Regiment König Albert von Sachsen (Ostpreußisches) Nr. 10« und den entsprechenden Namenszug auf Schulterklappen und -stücken sowie Epauletten. Insgesamt ähnelte die Uniform des Dragoner-Regiments Nr. 10 der von Nr. 9 doch sehr, die Knöpfe waren aber weiß bzw. silbern statt gelb bzw. golden.

Das Dragoner-Regiment Nr. 9 lag seit 1877 in Metz und gehörte bis 1900 zum XV., dann XVI. Armeekorps. Von 1871 bis 1886 war in Metz auch das Dragoner-Regiment Nr. 10 garnisoniert, um schließlich nach dem ostpreußischen Allenstein und zum XX. Armeekorps verlegt zu werden. Die in Elsaß-Lothringen und in den Grenzgarnisonen des Ostens oft weit von zu Hause entfernt stationierten Soldaten sahen besonders sehnlich ihrem Entlassungstag entgegen.

Tafel 5 UNTERRICHT IN DER KASERNE

»Müller, wer hat das Pulver erfunden?«

Vom schnauzbärtigen Korporal, seinen Ausdrücken und Kasernenhofblüten lebten einst Verfasser von Militärburlesken sowie Zeichner und Texter der Witzblätter. Nicht viel besser kam der stets schnarrend und arrogant dargestellte Offizier bei ihnen vor. Schon damals amüsierten sich die Kundigen oft darüber. Viel besser und treffender, weil häufig beobachtet, machten es die Komiker der Kompanie auf Kameradschaftsabenden. Dort bekamen auch einmal Vorgesetzte rote Ohren und begriffen, wie genau sie erkannt worden waren.

Der Hintergrund dieser Abwertungsversuche der Öffentlichkeit ist interessant. So hatten doch die siegreichen Einigungskriege die Abneigung vieler in überschwengliche Begeisterung für das Militär umschlagen lassen. Vielfach führte eine unkritische Bewertung des Soldatischen sogar zu einem Komplexdenken in jenen Kreisen, die aus verschiedenen Gründen keinen Zugang zum Militär gefunden hatten.

Zugleich gab es eine auffällige Diskrepanz in der Bewertung des Unteroffiziers durch die Öffentlichkeit, welche seine Leistungen im Krieg und im Frieden anerkannte, aber eine Abwertung durch den Offizier. Vielfach sah man im Unteroffizier jedoch dann nur noch eine primitive Erscheinung. Dieser war kein unterer Offizier mehr, sondern wurde zum gehobenen Mannschaftsdienstgrad abgewertet. Oft gab es nur die Unterscheidung zwischen Offizieren und Mannschaften, oder – noch bedenklicher – zwischen Offizieren und Soldaten, welche gar in den Gefallenenlisten vorkam.

Zu diesem Bild Carl Röchlings: Der Montagmorgen gehörte in den ersten zwei Stunden zumeist dem Unteroffizier. Er gab seinen Soldaten Unterricht auf größeren Mannschaftsstuben, Fluren oder ausgebauten Böden. Dabei lehrte er über die Wehrpflicht und ihre verschiedenen Formen, die 28 Kriegsartikel, den Inneren Dienst, Gesundheitspflege, Kasernenordnung, Anzugsfragen, Bekleidungs- und Ausrüstungsstücke und deren Pflege, Gebührnisse, Waffenkunde usw. Nicht selten mußte der Unteroffizier auch über solche Dinge unterrichten, die ihm selbst noch nie zu Gesicht gekommen waren, so die schwierigen Rangabzeichen der Marine und der Schutztruppen, die Uniformen von Beamten sowie der Armeen der Nachbarstaaten.

Es war nicht leicht, die aus den verschiedensten Berufsgruppen kommenden Rekruten mit meist sehr unterschiedlicher Bildung und Lebenserfahrung zu unterrichten. Diese sahen zum Teil erstmalig eine größere Stadt, waren zuvor noch nie von ihren Familien getrennt und fuhren auf dem Wege zur Garnison gar mit der Eisenbahn. Natürliche Veranlagung, auch Aufgeschlossenheit gegenüber allem Militärischem, nutzten da vielfach nur wenig, die neue Welt zu verstehen.

Im Zusammenhang mit diesem militärischen Unterricht soll auf eine andere Form der im Heer betriebenen Weiterbildung hingewiesen werden. Auch noch Ende des 19. Jahrhunderts traten alljährlich nicht wenige junge Leute in die Regimenter und selbständigen Bataillone ein, die des Rechnens, Lesens und Schreibens kaum oder gar nicht mächtig waren. Um dem Abhilfe zu schaffen, wurden in vielen Truppenteilen gesonderte Schulen eingerichtet. Diese brachten mit Erfolg den Leuten mit ungenügender Schulbildung oder mangelhaften Deutschkenntnissen (vor allem Rekruten aus polnischem und litauischem Sprachgebiet) das notwendige Elementarwissen bei. Sie dienten auch dazu, geeignete Leute für die Laufbahn als Unteroffizier bzw. diese auf einen Zivilberuf vorzubereiten.

Der Unterricht fand im Winter nachmittags oder abends statt. Er wurde teils von Offizieren und Feldwebeln, teils von Zivillehrern erteilt. Die Schule leitete ein älterer Offizier. Die Prüfungen wurden vor dem Kommandeur des Regiments oder Bataillons abgehalten.

Der dargestellte Unteroffizier und seine Gruppe tragen Drillichzeug. Sie können damit keinem Regiment zugeordnet werden. Der Unteroffizier führt vorschriftsmäßig Mütze, Koppel, Seitengewehr mit der Troddel seiner Dienstgradgruppe. Nur diese kennzeichnet ihn hier als Vorgesetzten. Schemel und Tisch haben auch unten zusätzliche Zargen zur Verlängerung ihrer Lebenszeit. Die abgewetzten unteren Zargen des Tisches deuten bereits auf ein langes Alter hin.

C. RÖCHLING.

Jeder Soldat kannte damals das Kommando: »Gewehrgriffe nach Zeiten!« und das dann folgende: »Tempo - eins! Zwo ...«. Als Übung »nach Zeiten» ist hier der von Carl Röchling so dargestellte »Langsame Schritt« zu verstehen. Er darf nicht mit dem friderizianischen Schrittempo von 75 Schritt in der Minute verwechselt werden, das Ende des 18. Jahrhunderts einem schnelleren Schrittmaß wich.

Nach dem am 1. September 1888 von Kaiser Wilhelm I. in Kraft gesetzten »Exerzir-Reglement für die Infanterie« marschierte das deutsche Heer mit 114 Schritt in der Minute. Es wurde das Marschieren auf das Kommando »Bataillon - Marsch!» wie folgt reglementiert: »Das linke Bein wird leicht gekrümmt und ohne zu schlänkern vorwärts gebracht, die Fußspitze wird ein wenig nach unten und auswärts gebogen, gleichzeitig der Oberleib vorgenommen und der Fuß ganz flach und leicht in der Entfernung von 80 cm vom rechten Fuß auf den Boden gesetzt. Das Knie wird beim Niedersetzen des Fußes auf die Erde durchgedrückt. Die ganze Schwere des Körpers ruht jetzt auf dem stehenden Fuße. Während der linke Fuß niedergesetzt wird, verläßt der rechte Absatz den Boden, das rechte Bein wird leicht gekrümmt herangezogen, mit der Fußspitze nahe am Boden, doch ohne ihn zu berühren, vorbeigeführt und der Fuß in der nämlichen Entfernung und auf die selbe Weise wie der linke niedergesetzt. Der Soldat fährt fort, zu marschieren, ohne die Beine zu kreuzen, die Kniee mehr als nothwendig zu heben, die Schultern zu drehen und den Kopf aus der geraden Richtung zu bringen. Die Arme werden ungezwungen bewegt.«

In besonderen Fällen konnte die Fortbewegung durch den sogenannten Sturmmarsch von 120 Schritt je Minute beschleunigt werden. Natürlich ließ das Reglement auch eine Marscherleichterung zu. Mit dem Kommando »Ohne Tritt!« entfiel der Gleichschritt und der Abstand der Glieder verlängerte sich von 64 auf 80 cm vom Rücken des Vordermannes zur Brustseite des Marschierenden. Auch der Laufschritt wurde zum schnellen Fortkommen eingesetzt. Die Ausführung erfolgte nach den Vorschriften für das Turnen mit einem Zeitmaß von 165 bis 170 Schritt in der Minute und einer Schrittlänge von etwa einem Meter. Damals konnte sogar der Parademarsch in Kompaniekolonnen im Laufschritt durchgeführt werden. Dazu war allerdings eine sorgfältige Ausbildung notwendig. Hier übt das Kaiser Alexander Garde-Grenadier-Regiment Nr. 1 (so hieß das Regiment seit dem 14. Juli 1860) im freien Gelände. Seine Übungsplätze lagen bis zur Inbetriebnahme von Döberitz im Jahre 1904 in Tempelhof, Tegel, Prenzlauer Berg und Wedding sowie weiter in der Umgebung seiner Garnison Berlin. Das Regiment war am 14. Oktober 1814 errichtet worden. Es erhielt schon am 19. des Monats den russischen Zaren Alexander I. zum Chef und somit den Namenszug »A» auf Schulterklappen und Epauletten, ab 13. Mai 1820 mit stilisierter Krone und seit 15. Mai 1856 - mit Beginn der Herrschaft von Zar Alexander II. (Chef des Regiments von 1871 bis 1881) - noch eine »1« darunter. Am 18. Februar 1820 war dem Regiment der Garderang verliehen worden. Von 1881 bis 1894 nahm Zar Alexander III. die Chefstelle des Regiments ein, ihm folgte bis 1914 Zar Nikolaus II. Das hatte zur Folge, daß das Regiment am Schellenbaum eine Paradestandarte u.a. mit dem gestickten Doppeladler der russischen Monarchie besaß. Zur Parade führten die Grenadiere des Regiments weiße, die Füsiliere aber schwarze Haarbüsche an den Helmen. Ab 9. Februar 1894 erhielt das Regiment die seit 1824 vom 1. Garde-Regiment zu Fuß bisher getragenen Grenadier- und Füsiliermützen, jedoch ohne das »Semper talis«-Band. Die 7. und 8. Kompanie trugen ab dem 13. Januar 1842 die sogenannten Cassano-Troddeln am rotjuchtenen Riemen. In jener Schlacht bei Cassano im Jahre 1705 hatten die Stammtruppen beider Kompanien Kavallerie mit blanker Waffe zurückgeschlagen. Die Schulterklappen - hier zum Schutz vor Verschmutzung durch das geölte Gewehr abgeknöpft - waren weiß.

Während die Offiziere gleich je eine goldgestickte Schleife am Kragen erhalten hatten (mit A.K.O. vom 19. Juni 1837 kam die zweite), führten Unteroffiziere und Mannschaften erst seit 18. Januar 1834 ihre Gardelitzen. Für die Ärmelpatten wurden Schleifen bzw. Litzen ab 22. März und 14. April 1874 bestimmt.

Eine kolorierte Fassung dieses Bildes von Carl Röchling findet sich mit einigen anderen Abbildungen bei Martin Lezius: »Das Ehrenkleid des Soldaten«.

CARL RÖCHLING

Tafel 7 DER HERR EINJÄHRIGE

Im Heer und in der Marine des Deutschen Reiches hatten junge Männer mit bestimmten bildungs- und vermögensmäßigen Voraussetzungen das Recht, als Freiwillige statt der vollen aktiven Dienstzeit nur ein Jahr in der Truppe abzuleisten. In Preußen bestand dieses Recht nach dem Vorbild der Freiwilligen Jäger der Befreiungskriege bereits mit dem Kriegsdienstgesetz vom 3. September 1814. Erst nur »Freiwillige« genannt, erhielten sie 1842 die Bezeichnung »Einjährig-Freiwillige«.

Als Carl Röchling – selbst einst Einjährig-Freiwilliger – diesen jungen Mann in Uniform zeichnete, galten für diese Dienstform das Reichsgesetz vom 16. April 1871 und – die Einzelheiten regelnd – die Deutsche Wehrordnung vom 22. November 1888. Voraussetzung war der von einer Prüfungskommission erteilte Berechtigungsschein auf Grund eines Zeugnisses (Reife für die Obersekunda) der vom Reichskanzler benannten Schulen oder einer Prüfung vor eben dieser Kommission. Außerdem mußte der Vater bzw. der Vormund mit der Erklärung zu Fähigkeit und Bereitschaft zustimmen, die Kosten für Bekleidung, Ausrüstung und Verpflegung selbst zu tragen. Bei den berittenen Truppen schloß das die Ausgaben für ein Dienstpferd ein. Natürlich erhielten sie auch keine Löhnung. Damit gab es bei der Auswahl der Einjährig-Freiwilligen, von denen besonders geeignete ja später Reserveoffiziere wurden, schon eine gewisse Vermögenszensur. Jedoch konnte ein junger Mann, dem diese Mittel zum Unterhalt fehlten, mit Genehmigung des Generalkommandos bei den Fußtruppen als Ausnahme in den Etat aufgenommen werden und erhielt dadurch freie Unterkunft und Verpflegung. Hier kam der Begriff »Staatseinjähriger« auf.

Diese Einjährigen besaßen manche Vorteile und zudem das Recht, sich ihren Truppenteil selbst zu wählen. Sie brauchten nicht am Arbeitsdienst teilzunehmen und konnten außerdem bei vielen Regimentern ihr Essen in der kostengünstigeren Offizier-Speiseanstalt oder im Offizier-Kasino einnehmen. In größeren Garnisonen wurden die Einjährig-Freiwilligen gleichmäßig auf die Truppenteile aller Waffengattungen verteilt. Eintrittstermin war in der Regel der 1. Oktober, doch wurde in Hochschulorten häufig zusätzlich der 1. April festgelegt.

Dieser Dienst als Einjährig-Freiwilliger erfolgte in der Regel mit der Waffe. Aber auch andere Möglichkeiten gab es: Mediziner dienten, wenn sie das Dienstzeugnis als Sanitätsunteroffizier erlangten, ein halbes Jahr mit der Waffe und nach der Approbation als Arzt ein halbes Jahr als Unterarzt, um dann in das Sanitätskorps aufgenommen zu werden. Apotheker, -gehilfen, -lehrlinge und -anwärter durften so ihren Dienst ebenfalls ein halbes Jahr mit der Waffe und nach entsprechender Prüfung noch einmal diese Zeit in einer Lazarettapotheke ableisten. Gleichermaßen verlief auch der Weg eines Tierarztes als Unterroßarzt.

Nach der Ableistung der Dienstzeit wählte jedes Regiment die besten Einjährigen als Reserve-Offizier-Aspiranten aus. Die anderen wurden zur Provinzial-Reserve entlassen. Dort konnten sie nach zwei je 56 Tage dauernden Übungen und erneuter Prüfung Reserveoffiziere werden.

In der Uniform unterschieden sich die Einjährig-Freiwilligen seit November1842 von den Mannschaften durch eine um die Schulterklappen gedrehte wollene Schnur, die jeweils in den Landesfarben gehalten war. Die brandenburgischen Aufschläge mit den drei Litzen auf den Ärmelpatten sowie auch auf dem Kragen – wie auf dieser Tafel zu sehen – zierten am Ende des 19. Jahrhunderts bei der Infanterie die preußischen Garde-Grenadier-Regimenter Nr. 1 bis Nr. 4, das Großherzoglich Mecklenburgische Grenadier-Regiment Nr. 89 und das 1. Großherzoglich Hessische Infanterie- (Leibgarde) Regiment Nr. 115. Martin Lezius hat diesen Einjährig-Freiwilligen koloriert einem preußischen Garde-Grenadier-Regiment zugeordnet.

C.R

Tafel 8 HUSAREN-ORDONANZ ZU FUSS

»Beim Beritt nichts Neues«

Offizieren wurden nach ihrem Rang Unteroffiziere oder Gemeine zur Befehlsübermittlung zugeteilt, und je nach Art der Dienstleistung waren diese Ordonnanzen beritten oder zu Fuß. Im Felddienst hießen die von den Kavallerie-Regimentern abgestellten Ordonnanzen »Meldereiter«. Sie hatten während der Märsche, Vorposten und Gefechte den Meldedienst zu versehen.

Die zur Befehlsübermittlung eingesetzten Ordonnanzen dürfen nicht mit den zur Bedienung in Offizier-Speiseanstalten genommenen Kasino-, Tisch- oder Küchenordonnanzen verwechselt werden.

Die Regimenter, die Ordonnanzen zu den höheren Stäben und zur Infanterie zu geben hatten, wurden in ihrer Mannschaftsstärke so geschwächt, daß mit A.K.O. vom 30. März 1895 zum 1. Oktober gleichen Jahres aus Kommandierten des Gardekorps, des I. und des XV. Armeekorps Meldereiter-Detachements entstanden. Diese Trupps wurden dem Leib-Garde-Husaren-Regiment, dann dem Kürassier-Regiment Nr. 3 und dem Ulanen-Regiment Nr. 15, später dem Husaren-Regiment Nr. 9, zugeteilt. Ab 1897 kamen weitere Detachements hinzu. Aus allen entwickelten sich ab 1905 die Jäger-Regimenter zu Pferde.

Bei der von Carl Röchling gezeichneten Ordonnanz (koloriert auch bei Martin Lezius) handelt es sich um einen Husaren des Leib-Garde-Husaren-Regimentes aus Potsdam. Der Truppenteil war mit A.K.O. vom 21. Februar 1815 aus kurzlebigen Formationen der Jahre 1811 und 1813 in Stärke von vier Eskadronen (erst 1867 kam eine fünfte hinzu) unter dem Namen »Garde-Husaren-Regiment« errichtet worden. Das Regiment bekam zuerst Berlin als Garnison zugeteilt, um 1823 endgültig nach Potsdam zu wechseln. Als Kaiser Wilhelm II., der bereits als Prinz bzw. Kronprinz seit 1885 Kommandeur des Regiments war, am 19. Juni 1888 die Stelle des Regimentschefs übernahm, wurden für das Regiment und die 1. Eskadron Umbenennungen in »Leib-Garde-Husaren-Regiment« und »Leib-Eskadron« vorgenommen. Am 29. Januar 1892 erhielt es mit König Wilhelm II. von Württemberg sogar einen zweiten Regimentschef. Das Trompeterkorps des Regiments war auf Schimmeln beritten. Der Kesselpauker, ein Afrikaner namens Arara, saß ebenfalls auf einem Schimmel. Ihm folgte ab 1907 der im gesamten Deutschen Reich bekannte Elo Sambo. Die Pauken waren dem Regiment von Kaiser Wilhelm II. am 19. Juni 1888 übergeben worden.

Vorschriftsmäßig den Kavalleriesäbel M 52/79 gefaßt, meldet hier dieser Husar des Leib-Garde-Husaren-Regiments im Ordonnanzanzug. Zu diesem gehörte auch die Kartusche, die am Riemen von der linken Schulter zur rechten Hüfte getragen wurde. Der Kavalleriesäbel M 52 wurde von Husaren und Dragonern seit 1857 geführt. Dessen gebogene Klinge war einschneidig, an der Spitze jedoch zweischneidig. 1879 erhielt dieses Säbelmodell eine andere Klinge mit Steckrücken. Die Klinge maß 87,26 cm. Die Waffe insgesamt war 103 cm lang. Der Kavalleriedegen M 89 war gerade und wies bei einer Klingenlänge von 83 cm eine Gesamtlänge von 98,8 cm auf. Ihn führte die gesamte preußische Kavallerie (die Husaren seit 1890) mit Ausnahme der Kürassiere, die ihren Pallasch behielten.

Das Leib-Garde-Husaren-Regiment trug an den Pelzmützen von Seehundsfell vorn den Stern des Schwarzen Adlerordens in gelbem Metall und vom Devisenband umschlungen. Die Schuppenkette aus Messing war gewölbt. Heraufgeschlagen wurde sie um das Feldzeichen gelegt. Der ab 1854 auch in diesem Regiment getragene Attilla (die anderen Husarenregimenter hatten ihn bereits ein Jahr eher) wies auf der Vorderseite fünf Reihen gelbwollene Brustschnüre, einen abgerundeten Kragen und in der Art ungarischer Knoten verzierte Ärmelaufschläge sowie anstelle der Schulterklappen doppelte gelbe Schulterschnüre auf. Das Regiment hatte zusätzlich an Kragen und Ärmelaufschlägen eine gelbkamelgarnene, rot gespiegelte Borte, die ähnlich den Unteroffiziertressen befestigt war. Die Säbeltasche verzierte roter Tuchbezug, gelber Bortenbesatz sowie der königliche Namenszug »FWR« mit Krone.

CRöchling.

Tafel 9 HORNISTEN-UEBUNG

»Immer rrrraus mit dem Ton!«

Die hier dargestellten Spielleute gehören zu dem Infanterie-Regiment Prinz Carl (4. Großherzoglich Hessisches) Nr. 118. Als sein Stiftungstag galt der 23. Januar 1791, als ein Garnison-Regiment Erbprinz aus zwei seit 1699 bestehenden Landbataillonen errichtet worden war. Dementsprechend liest sich sein Gefechtskalender wie eine gesamte deutsche Militärgeschichte. Es soll nur der hohe Blutzoll hervorgehoben werden, den jenes Regiment von 1808 bis 1812 in Spanien für die Machtinteressen Kaiser Napoleon I. erbringen mußte.

Am 25. Oktober 1871 bekam das Regiment die bis Ende der »alten Armee« gültige Bezeichnung. Ab 1872 lagen Stab und I. Bataillon in Mainz, II. Bataillon in Worms und III. Bataillon in Offenbach; seit 1897 war Worms die Heimat des Regiments. In der Großherzoglich Hessischen (25.) Division gehörte es von 1867 bis 1899 zum XI. und dann zum XVIII. Armeekorps. Bei den Uniformen der Soldaten des Regiments sind die roten brandenburgischen Ärmelaufschläge mit gelben Patten und die gelben Schulterklappen mit roter Regimentsnummer sowie weißmetallene Knöpfe festzuhalten. Eine kolorierte Fassung des Bildes findet sich wieder bei Martin Lezius. Dem Regiment widmete Carl Röchling noch weitere Tafeln (s. Nr. 12, 13, 16, 28, 29, 36 und 39). Die Gründe sind nicht bekannt.

Nun zum Bildinhalt dieser Tafel - der Regimentsmusik. Jedes Infanterie-Bataillon besaß einen Bataillonstambour und der Dienstälteste wurde zum Regimentstambour ernannt. Regelmäßig stand er im I. Bataillon, denn zur 1. Kompanie gehörte die Regimentskapelle. Beim Anmarsch der Spielleute mit dem »Locken« trug der Regimentstambour die Verantwortung für das Marschtempo. Allen drei Tambouren oblag die musikalische und militärische Ausbildung der acht Trommler und acht Hornisten eines jeden Bataillons. Das Spielen der drei Instrumente dieser Spielleute, nämlich Trommel, Querflöte und Infanterie-Signalhorn, mußte erst erlernt werden. Die Hornisten hatten Querflöte und Signalhorn zu beherrschen. Später kam für alle die Ausbildung mit Winkflaggen als das optische Signalmittel noch dazu. Im Gefecht trat ein Hornist zum Kompanieführer, die drei anderen wurden auf die Züge verteilt, um so die Sichtverbindung zu gewährleisten.

Bei den Signalhörnern handelte es sich hier um ventillose Instrumente. Die Töne wurden durch ein Überblasen (Naturtöne) erzeugt. In der Infanterie wurde das Signalhorn vorrangig im Gelände zur Übermittlung von Signalen verwendet. Das waren die über 20 im »Exerzir-Reglement für die Infanterie« vorgesehenen Befehle. Aber auch bei den beliebten Platz- und Promenadenkonzerten spielte die Infanteriemusik gelegentlich Jägermärsche, bei denen die Spielleute das Signalhorn einsetzten.

Der Tambourstock wurde nur bei Paraden, beim Aufziehen der Wachen (dazu gehörten auch Ehrenwachen) und beim Großen Zapfenstreich eingesetzt. Daher trug auch der Bataillonstambour das Signalhorn am Trageriemen, der über der rechten Schulter unter der Schulterklappe lag. Dieser Trageriemen mußte so geschnallt sein, daß die Zeichen mit dem Signalhorn bei gestrecktem Arm gegeben werden konnten. Etwas anders wird hier das Horn 1878 durch die Hornisten (2 cm unterhalb des Leibriemens) getragen. Es lag waagerecht, das Mundstück zeigte nach vorn.

Aufgrund freiwilliger Meldungen wurden musikinteressierte Soldaten ausgewählt. Eine Mindestgröße des Bewerbers war gefordert und allgemein wurde von den Spielleuten eine tadellose Haltung beim Marsch und beim Exerzieren verlangt. Tamboure - sie sollten besonders stattlich sein - und Spielleute galten als die Visitenkarte des Regiments. Den Parademarsch und den Präsentiermarsch ihres Regiments mußten Spielleute und Regimentsmusiker auswendig kennen. Die übrigen Märsche wurden nach Noten gespielt, jedoch bald auch frei gebracht.

Die Marschmusik hatte in Hessen eine sehr lange Tradition. Sie ging auf den Landgrafen Ernst-Ludwig (1678 – 1739) zurück. Dieser hatte den um ein Trio erweiterten Hessischen Fahnen-Präsentier-Marsch (AM I, 105) komponiert. Daher ist es doch verwunderlich, daß ein Regiment mit dieser alten hessischen Tradition preußische Märsche als Präsentier- und Parademärsche spielte. Es handelte sich dabei um den Präsentiermarsch von König Friedrich Wilhelm III. (AM I, 1a) und den »Fridericus Rex-Grenadiermarsch« (AM II, 198) von Ferdinand Radeck als Parademarsch.

CRÖCHLING

Tafel 10 VÄTERLICHE ERMAHNUNG

»Heut sag ich's Ihnen zum letzten Mal«

Aus unerfindlichen Gründen gab es in jeder Kompanie Leute, die immer wieder unangenehm auffielen. Meist war es nicht in mangelnder Intelligenz oder fehlendem Willen zu suchen, eher schon in geringer Konzentration und gelegentlich auch im Bestreben, etwas besonders gut machen zu wollen. Diese Pechvögel wurden zum Schrecken mancher Kompanie. Der geplagte Kompaniechef schickte sie vor jeder Übung am liebsten auf Wache, wo sie den Vorgesetzten nicht auffallen konnten.

In dieser Szene hat es zwei Musketiere oder Füsiliere des 8. Rheinischen Infanterie-Regiments Nr. 70 getroffen, welche vor ihren schadenfroh grinsenden, betreten zusehenden oder andächtig zuhörenden Kameraden gerade den »Segen« des Hauptmannes erhalten. Bei jener Erteilung von Rügen gab es in der militärischen Hierarchie recht genau abgestufte Formen: Offiziere vom Hauptmann an aufwärts rügten Fehler meistens in einer eher väterlichen Form der Beanstandung und Belehrung. Zugführer, also meist Leutnants, taten dieses vielfach energisch und hart und die Unteroffiziere als die Gruppenführer lautstark und gelegentlich sehr rüde im Ton. In diesem Zusammenhang muß schon auf vorkommende Mißhandlungen von Soldaten durch Unteroffiziere und im Rahmen einer sogenannten »Selbsterziehung« vor allem jüngerer durch ältere Dienstjahre (angeregt auch durch Offiziere) hingewiesen werden. Zu diesen Soldatenmißhandlungen, über die es auf Grund sicherlich vorhandener Dunkelziffern nichts zu verharmlosen gibt, muß das damalige gesellschaftliche Umfeld bei der Beurteilung einbezogen werden. Das Schlagen, zum Beispiel in der Schule, war durchaus noch nicht die Ausnahme. Derartige Vorkommnisse wurden im Militär zwar nicht geduldet, aber wohl nur sehr unterschiedlich verfolgt. So wies der sächsische Kriegsminister am 11. März 1886 in einem ausführlichen Schreiben an das Generalkommando des XII. Armeekorps auf die in den Truppenteilen »vorkommenden häufigen Selbstmorde« hin. Er sah aber die Ursachen vor allem »in der gesamten Richtung unserer Zeit, mit ihren an die Annehmlichkeiten des Lebens gesteigerten Ansprüchen und ihrer gesunkenen Moral und Religiosität, welche namentlich die niederen Volksschichten gegen Zwang und Einschränkung, Mühen und Lasten weniger widerstandsfähig machen«. Er lehnte es ab, »die Schuld an den innerhalb der Truppe immerhin zahlreichen Selbstmorden unseren militärischen Institutionen und deren Handhabung beizumessen«.

Die beiden Soldaten auf dieser Tafel sind von Carl Röchling vorschriftsmäßig für den Felddienst ausgerüstet gezeichnet. Die Gewehre M 88 sind deutlich zu erkennen. Die Soldaten stehen im »Stillgestanden«, also der Haltung, die bei Ansprache eines Vorgesetzten selbständig eingenommen wurde. Das Gewehr wird von ihnen mit der Kolbenspitze neben der rechten Fußspitze gehalten. Am rechten Rand des Bildes ist ein Unteroffizier zu sehen, der zum Felddienst ebenfalls wie die Angehörigen seiner Gruppe mit diesem Gewehr bewaffnet war. Auch er hat den Helm aufgesetzt. Beim erstmaligen Ausrücken der Rekruten zum Felddienst führten sie – wie auch alle anderen Dienstgrade – kein Gewehr mit und trugen die Mütze anstelle des Helms. Nur der Hauptmann als Kompaniechef war beritten. Deutlich ist an seiner linken Seite der Infanterie-Offizierdegen M 89 zu sehen.

Das dargestellte 8. Rheinische Infanterie-Regiment Nr. 70 wurde 1860 als 30. kombiniertes Infanterie-Regiment errichtet (Stiftungstag der 5. Mai). Es führte die zuerst genannte Bezeichnung seit dem 7. Mai 1861 und lag seit 1887 in Saarbrücken in Garnison. Hier fand sein Felddienst häufig an den Spicherer Höhen statt, dem Schauplatz der Kämpfe vom 6. August 1870. Demzufolge zeichnete Carl Röchling im Hintergrund den Roten Berg, der damals zwei Kilometer von dem südlichen Stadtrand Saarbrückens entfernt lag. Das Regiment gehörte zur 16. Division des VIII. Armeekorps in Koblenz. Erst im Jahre 1912 wechselte es zum neugebildeten XXI. Armeekorps, verblieb jedoch in seiner Garnisonstadt Saarbrücken.

In der Uniformierung der Soldaten waren es weiterhin gelbmetallene Knöpfe, während die hellblauen Schulterklappen durch hellgrüne ersetzt wurden, aber stets mit der roten Regimentsnummer. Bei den insgesamt roten brandenburgischen Ärmelaufschlägen erhielten deren Ärmelpatten 1912 weiße Vorstöße.

C. RÖCHLING.

Tafel 11 EIN HEISSER TAG

»Vorwärts, nicht stehen bleiben«

Die Kompanie-, Eskadrons- oder Batteriebesichtigungen bildeteten stets den Abschluß eines Ausbildungsabschnittes. Nach dem Eingewöhnen des Rekruten in den Kasernenalltag, seiner Waffen- und Fachausbildung, dem allgegenwärtigen Exerzierdienst und dem Schulschießen kam etwas Neues: der Dienst im Felde für alle begann. Er war abwechslungsreich. Bei ihm begriff tatsächlich ein jeder Soldat, daß das der eigentliche Zweck des Soldatseins war.

Verteidigung bedeutete den Bau von Stellungen und Unterständen, das Errichten von Hindernissen und die Beachtung des Schußfeldes. Angriffsübungen waren das Gegenteil. Gefordert waren Bewegung und immer wieder Märsche mit Gepäck und Ausrüstung sowie dem Gewehr, das von Kilometer zu Kilometer schwerer wurde. Hinzu kamen der Staub endloser Straßen und Wege, brennende Sonne und ermüdende Steigungen und dann der Durst! Wie beneideten die armen Infanteristen und Jäger die Kavallerie und die Feldartillerie. Ziel der Märsche war, alle acht Minuten einen Kilometer zurückzulegen. Dabei wog die feldmarschmäßige Ausrüstung eines Infanteristen immerhin 26 bis 27 Kilogramm.

Kam eine ermüdete Kolonne in eine Ortschaft, standen schon Gefäße mit kühlem Wasser bereit. Mädchen und Frauen schleppten es heran, auch Obst und Brot wechselten die Besitzer. Aufmerksam wurden die müden Krieger von alten Männern beobachtet. Zog das Regiment durch ihren Ort, in dem sie einst selbst gedient hatten? Für sie war alles anders geworden. Ab 1866 gab es diese hohen Nummern! Das abgebildete Infanterie-Regiment von Wittich (3. Kurhessisches) Nr. 83 lag in Kassel und Arolsen (Füsilier-Bataillon). Jener Husar, der selbst Wasser für seine Kameraden von der Infanterie heranschleppte, mochte vom Husaren-Regiment Landgraf Friedrich II. von Hessen-Homburg (2. Kurhessisches) Nr. 14 kommen, das auch in Kassel stationiert war. Kassel wurde damals noch Cassel geschrieben, ebenso Coblenz statt Koblenz.

Die zuvor genannten Bezeichnungen erhielten beide Regimenter erst am 27. Januar 1902. In ihrer Namensgebung vom 27. Januar 1889 stand noch statt »kurhessisch« nur »hessisch«. Das Infanterie-Regiment Nr. 83 war 1813 aus dem 1806 beurlaubten kurhessischen Regiment Landgraf Karl errichtet worden (Stiftungstag: 23. November 1813).

Die Tradition jenes kurhessischen Regiments ging bereits auf das Jahr 1702 zurück. Sein III. Bataillon wurde laut A.K.O. vom 2. August 1899 als Träger der Überlieferungen des Füsilier-Bataillons Waldeck mit einem Stiftungstag 30. September 1861 bestimmt. Am gleichen Tage wurde die Kokarde des III. Bataillons schwarz-rot-gelb. Das ganze Regiment trug die preußische Uniform und am Helm den preußischen Linienadler. Weil es zum XI. Armeekorps gehörte, führte es rote Schulterklappen mit aufgestickter gelber »83«, rote brandenburgische Ärmelaufschläge mit ebensolcher Patte, aber gelber Paspel, und gelbmetallene Knöpfe.

Die Mannschaften sind mit dem Gewehr 88 ausgestattet. Bei ihm handelte es sich um eine Eigenentwicklung der preußischen Gewehrprüfungskommission. Aus verschiedenen Konstruktionselementen zusammengesetzt, blieb es aber technisch unausgereift. Lauf- und Patronenlagersprengungen, sogar mit Verletzten und auch Toten, waren die Folge. Das Gewehr hatte eine Gesamtlänge von 1 245 mm (Lauflänge 740 mm) und wog 3,8 Kilogramm. Das Kaliber war nun von 11 auf 7,9 mm verkleinert worden. Die Soldaten luden mit einem fünf Patronen fassenden Laderahmen. Zum Mitführen der Munition erhielten sie je zwei Patronentaschen Modell 1889. Eine solche faßte 15 Patronen. Dazu wurde noch eine größere, hinten anzubringende Patronentasche mit sechs Abteilungen für jeweils 15 Patronen als Reservemunition mitgeführt. Der Infanterist trug insgesamt 120 Patronen bei sich. Dazu kam das Seitengewehr M 71 oder auch M 71/84 bei den Infanteristen und der Hirschfänger M 71 bei den Jägern. Das Gewehr 88 und der Karabiner 88 (s. den Text zur Tafel Nr. 15) gelangten mit kriegsministerieller Verordnung vom 9. November 1889 zur Einführung.

Das III. Bataillon des Regiments erhielt am 9. Januar 1873 für seine Fahne einen silbernen Ring mit der Inschrift: »Es starb mit dieser Fahne in der Hand am 2.12.1870 den Heldentod Sergeant Francke.«

Carl Röchling

Tafel 12 HAUPTMANN und ...

»Also um 5 Uhr Appell, – Tuchanzug, Mütze,
die gewaschenen Drillichjacken in der Hand, – haben Sie Feldwebel?«

Wie schon vorher und auch noch nachfolgend befanden sich gelegentlich zwei kleine Bilder auf einem Blatt. Diese Tafeln Nr. 12 und 13 gehören inhaltlich sogar direkt zusammen. Carl Röchling stellte einen Hauptmann als Kompaniechef und seinen Feldwebel dar. Er malte mehrmals das 4. Großherzoglich Hessische Infanterie-Regiment (Prinz Carl) Nr. 118 (s. Tafel Nr. 9, 16, 28 und 29).

Auf den ersten Blick scheint es, der Maler hätte hier auf das Jahr 1897 vorgegriffen, als mit dem 22. März die Reichskokarde, die über die jeweilige Landeskokarde anzulegen war, eingeführt wurde.

An eine Regelung dieser Art war bereits 1871 gedacht worden, aber dazu kam es noch nicht. Adalbert Mila schrieb 1881 eindeutig, daß im »Großherzoglich Hessischen Kontingent die Angehörigen anderer Bundesstaaten außer der Hessischen Kokarde auch diejenige ihres Heimatlandes« tragen (S. 24). Weiterhin galt, daß sowohl die preußische als auch die jeweilige Landeskokarde (am Helm erstere rechts, die andere links; an der Mütze die Landeskokarde über der preußischen Kokarde) befestigt wurde

a) von Angehörigen nichtpreußischer deutscher Staaten, die in preußischen Truppenteilen dienten;
b) von den Mannschaften oldenburgischer Truppenteile;
c) von den Offizieren der Infanterie-Regimenter Nr. 93 bis Nr. 96, d.h. Anhalts und Thüringens;
d) von allen Offizieren des XIV. (Badischen) Armee-Korps außer Generalen, Generalstabsoffizieren und aus Preußen abkommandierten Offizieren.

Die Mannschaften der unter c) und d) genannten Truppen legten nur die Landeskokarde an; die hier dienenden Preußen allerdings auch die preußische Kokarde. Dagegen trugen die Offiziere der oldenburgischen Truppen nur eine preußische Kokarde. Die zwei Großherzoglich Mecklenburgischen Kontingente (Mecklenburg-Schwerin und Mecklenburg-Strelitz) führten ausschließlich ihre Landeskokarde. Diese komplizierte Regelung war getroffen worden, als die vormals nichtpreußischen Militärkontingente mittels Konventionen in die preußische Armee aufgingen oder zumindest angeschlossen wurden (s. auch den Text zu Tafel Nr. 28).

Des weiteren ist noch anzumerken: Der Dienstgrad Hauptmann oder Rittmeister (Kavallerie) wurde im Durchschnitt in jeweils fünfjähriger Dienstzeit als Sekonde- bzw. Premierleutnant erreicht. Dann konnte nach zehn Jahren die Beförderung zum Major erfolgen. Am 1. Januar 1899 lösten die Dienstgradbezeichnungen Leutnant und Oberleutnant die des Sekonde- und Premierleutnants ab. Der Hauptmann trägt den hessischen Säbel mit dem Messingkorb anstelle des Degens. Außerhalb des Dienstes wurde ein Säbel hessischen Typs mit Löwenkopf geführt.

Seit der Regierung König Friedrich Wilhelms I. (1713 – 1740) nahm das Offizierkorps in Preußen in Staat und Gesellschaft eine bevorzugte Stellung ein. Im Unterschied zu den süddeutschen Ländern stammte der preußische Offizier bis zur Reichsgründung meistens aus dem Adel. Erst durch die Heeresvermehrungen setzte langsam die Verbürgerlichung ein.

Die aktiven Offiziere wurden im Frieden in den acht preußischen Kadettenhäusern (in Bayern und Sachsen nur je eine Anstalt) als Vorbereitung auf die Hauptkadettenanstalt oder mit dem Eintritt von Anwärtern als Fahnenjunker in einem Truppenteil gewonnen. An den Offizier wurden immer höhere Anforderungen als Führer und Erzieher gestellt. Zum Absatz »Anforderungen an den Führer« finden sich in einem Lehrbuch der Zeit die folgenden handschriftlichen Zusätze eines Fähnrichs: »... muß er sich Körperkraft aneignen und erhalten. Kranker Offizier unmöglich. Körperlich, geistig, frisch. Wie macht er vor. Gegen sich streng und rücksichtslos, nicht weichlich und unausgeglichen ... Auch zur Übung der Kräfte muß er sich Sport widmen (Jagdreiten, rudern, schwimmen).– Erreicht werden sollte: »Selbstvertrauen, Sicherheit und Kraft, die alles mit sich fortreißt und den Schwung zu großen Taten verleiht.«

CR

Dem Hauptmann des 4. Großherzoglich Hessischen Infanterie-Regiments (Prinz Carl) Nr. 118 von der Tafel Nr. 12 stellte Carl Röchling mit diesem »Spieß« den Kompaniefeldwebel oder richtiger den etatmäßigen Feldwebel der Kompanie gegenüber. Er ist über die Rangabzeichen eines Vizefeldwebels - silberne Tressen um den Kragen und die Ärmelaufschläge, 30-mm-Wappenknopf des Sergeanten (der eines Gefreiten hatte 12 mm Durchmesser), einer zweiten Tresse über den Ärmelaufschlägen und dem hessischen Modell eines Offiziersäbels mit entsprechendem Portepee (s.unten) deutlich gekennzeichnet. Wer von seinen Soldaten und Unteroffizieren ihn dann noch nicht wahrgenommen hatte, merkte es spätestens, wenn der »Etatmäßige« das zwischen dem zweiten und dritten Knopf des Waffenrocks steckende gefürchtete Notizbuch zückte, um wie hier Aufträge, aber auch Lob, Tadel usw. einzutragen. Dieses Notizbuch wurde im Laufe der Zeit gewissermaßen zu einem Dienststellungsabzeichen.

Die Aufgaben des Kompaniefeldwebels sind schwer zu beschreiben. Für nahezu alle Dienstabläufe, den Schrift- und Geschäftsverkehr, das Inventar, für die Überwachung der Stuben- und Spindordnung sowie für alle mit den Angehörigen der Kompanie zusammenhängenden Fragen war er zuständig. Sein Tagesablauf begann oft lange vor dem schriftlich aufzustellenden Dienstplan und endete nicht selten um Mitternacht. Zwar hatten die als »Unteroffiziere vom Dienst« eingeteilten Unteroffiziersdiensttuer vom Wecken bis zum Zapfenstreich den Tagesablauf zu überwachen, doch warf ein guter Kompaniefeldwebel sein Auge auch auf das Unteroffizierkorps seiner Kompanie, für welches er als dessen Ältester verantwortlich war. Aus ihrer Mitte wurde eines Tages sein Nachfolger ausgewählt (s. auch den Text zu Tafel Nr. 38).

Ende des 19. Jahrhunderts machte sich ein Mangel an Unteroffizieren in der so schnell gewachsenen Armee bemerkbar. Mit dem Zivilversorgungsschein, der eine Anstellung im Staatsdienst in Aussicht stellte, verließen viele gute Feldwebel den Militärdienst. So gingen ergraute Feldwebel, um jüngeren Platz zu machen, was nicht immer zum Nachteil einer Kompanie sowie Batterie und Eskadron (hier hieß er Wachtmeister) war.

Doch zurück zum Bild. Deutlich ist hier der hessische Offiziersäbel gezeichnet, der auch von den Feldwebeln der hessischen Infanterie seit langem getragen werden durfte. Dazu kam das Portepee am schwarzen, an den Rändern mit je einem Silberfaden, in der Mitte mit einem roten Seidenfaden durchzogenen Lederriemen mit versilbertem, silbern-rot-beketteltem Stengel und roter Füllung. Die weiße Leinenhose wurde ständig von Unteroffizieren und Feldwebeln beim allgemeinen Dienst angezogen. Selbst bei der Anfangsausbildung der Rekruten im Gelände trugen die Unteroffiziere sie. Erst beim befohlenen Feldanzug wurde die allgemein seit 1870 getragene schwarz-blau melierte Hose, d.h. schwarz mit rotem Vorstoß (in Hessen seit 1872), angezogen.

Im Militär-Wochenblatt vom 30. Juli 1862, einem wöchentlich zweimal erscheinenden halboffiziellen Organ, war der Stand der Unteroffiziere genau aufgegliedert. Demnach gehörten zu den Unteroffizieren mit Portepee: die Oberfeuerwerker, Feldwebel, Wachtmeister (auch in der Gendarmerie), die Feldwebelleutnants der Kadettenanstalten, die Vizefeldwebel und die Vizewachtmeister; die Portepeefähnriche; die Wallmeister, Zeugfeldwebel und Obermeister bei den Artillerie-Handwerks-Kompanien; die reitenden Feldjäger; der Ober-Roßarzt und die Roß-Ärzte; die Stabshoboisten, Stabshornisten und Stabstrompeter; diejenigen Gendarmen, die vor Eintritt in die Gendarmerie bereits das Portepee besaßen.

Unteroffiziere ohne Portepee waren: die Feuerwerker; die Sergeanten; die Oberjäger (bei den Jägern); die Gendarmen; die Ober-Pioniere (soweit noch vorhanden); die Regiments- und Bataillonstamboure, Pauker, etatmäßigen Trompeter, Hoboisten der Infanterie, sowie Hornisten und Trompeter, denen der Unteroffizierrang besonders verliehen worden war; die Zeugsergeanten; die Kurschmiede; die Militär-Oberbäcker; die Lazarettgehilfen, denen der Unteroffizierrang verliehen worden war; die Militär-Eleven der Tier-Arznei-Schule, die Unteroffiziere in der Armee waren.

Tafel 14 APPELL IM MANÖVER

»Unverbesserlich«

Manöver wurden zurecht neben den großen Paraden als die Höhepunkte des militärischen Lebens bezeichnet. Ihnen ging stets die Musterung der Waffen, der Ausrüstung und Bekleidung durch Vorgesetzte von der Brigade, der Intendantur und des eigenen Regiments in der Kaserne voraus. Ungewöhnlich ist die dargestellte Situation. Soldaten des Füsilier-Regiments von Gersdorff (Hessisches) Nr. 80 müssen in ihrer Ortsunterkunft durch unsaubere Bekleidung aufgefallen sein, da der Hauptmann in den wenigen freien Stunden einen Bekleidungsappell durchführen läßt. Allgemein wurden im Manöver Stunden ohne Felddienst zur Waffenreinigung sowie für Ausbesserungsarbeiten benutzt. Auch der Arzt mit seinen Gehilfen wurde tätig. Er musterte und versorgte die Marschkranken, vor allem deren Füße. Um dieser unangenehmen Behandlung aufgeschnittener Blasen mit Jod zu entgehen, zogen erfahrene Infanteristen abends mit der Stopfnadel einen Wollfaden durch die Blase, der morgens, nachdem er die Wundflüssigkeit aufgesogen hatte, wieder entfernt wurde. Des weiteren wurden in den Manöverpausen die Pferde des Bataillons, ihr Lederzeug und die Geschirre überprüft, gepflegt und bei Bedarf repariert.

Ein Bataillon mit einer Gefechtsstärke von 22 Offizieren und rund 1 000 Mann hatte nach Einführung der Feldküchen als Gefechtsbagage acht Handpferde (zwei der Bataillonskommandeur, je eines der Adjutant, der Verpflegungsoffizier und die Kompaniechefs), vier Kompanie-Patronenwagen, vier Feldküchen, einen Infanterie-Sanitätswagen sowie als Große Bagage einen Stabs-Packwagen, vier Kompanie-Packwagen und fünf Lebensmittelwagen (einschließlich des Marketenderwagens).

Zur Geschichte des Regiments: Kurfürst Friedrich Wilhelm I. von Hessen-Kassel nahm 1866 entgegen dem Neutralitätswunsch seiner Menschen Partei für Österreich gegen Preußen. Im Ergebnis des Krieges annektierte Preußen das Land und vermischte dessen Militär mit seinen Truppen zu neuen preußischen Regimentern. Mit der A.K.O. König Wilhelm I. von Preußen vom 30. Oktober 1866 entstand das »Infanterie-Regiment Nr. 80« aus Teilen des »Kurhessischen Leibgarde-Regiments« und den Infanterie-Regimentern Nr. 31, Nr. 32, Nr. 71 und Nr. 72. Am 3. Juli 1867 wurde dem Regiment in Potsdam die Fahne verliehen. Mit dem 5. November 1867 erhielt der Truppenteil die Bezeichnung »Hessisches Füsilier-Regiment Nr. 80«. Im Krieg von 1870/1871 zeichnete es sich insbesondere im August 1870 in den Schlachten von Weißenburg und Wörth sowie am 1. September des Jahres bei Sedan aus. Nach dem dort gefallenen, mit der Führung (ihres) XI. Armeekorps beauftragten Generalleutnants Hermann Konstantin v.Gersdorff, hieß es vom 27. Januar 1889 »Füsilier-Regiment von Gersdorff (Hessisches) Nr. 80« und schließlich mit dem 27. Januar 1902 gar »Kurhessisches«. Zuvor war am 18. Oktober 1897 die Mutter von Kaiser Wilhelm II., die Kaiserin-Witwe Viktoria (Kaiserin Friedrich), zum Chef des Regiments ernannt worden. Dementsprechend führten ab dem 20. August 1898 seine Angehörigen auf hellblauen Epauletten bzw. Schulterklappen ihren Namenszug. Dieser blieb auch, als nach dem Tode Viktorias (5. August 1901) deren jüngste Tochter, die Prinzessin Margarethe von Hessen, am 10. August die Nachfolge als Regimentschefin antrat. Am 24. Januar 1899 bekam das Regiment als Stiftungstag den 22. November 1813 zugeteilt. Damals waren nach Ende des Königreichs Westfalen die vom Kurfürsten formal beurlaubten kurhessischen Truppen wieder einberufen worden. Das Regiment wurde nun zum Träger der Tradition des »Kurhessischen Leibgarde-Regiments« bestimmt. Das Regiment bildete mit dem Infanterie-Regiment Nr. 87 aus Mainz die 41. Infanterie-Brigade der 21. Division im XI. Armeekorps. 1869 erhielten der Stab und das I. Bataillon Wiesbaden, das II. Bataillon Hanau sowie das III. Bataillon Homburg als Garnison.

Zur preußischen Uniform mit dunkelblauem Waffenrock, rotem Kragen, roten brandenburgischen Ärmelaufschlägen mit ebensolchen Patten (gelb paspeliert), hellblauen Schulterklappen, gelbmetallenen Knöpfen und der »Pickelhaube« mit dem heraldischen preußischen Linienadler kamen ab 15. Juni 1901 modifiziert jene Stickereien, die einst Friedrich der Große seinem Infanterie-Regiment Hessen-Kassel verliehen hatte: Offiziere am Kragen je eine goldgestickte Litze und auf jeder Ärmelpatte drei; Unteroffiziere und Mannschaften einfache weiße Litzen.

C.R

Tafel 15 GEWEHRREINIGEN AUF DEM FLUR

Bei der »Ausbildung mit Gewehr«, der »Einzelausbildung als Schütze« und der Gefechtsausbildung wurde das Gewehr erheblichen Belastungen, besonders Verschmutzungen durch Staub sowie durch Rückstände beim Schuß ausgesetzt. Deshalb erfolgte eine besonders sorgfältige Ausbildung der jungen Soldaten in der Reinigung und Pflege von Gewehr und Seitenwaffe. Nach der Reinigung wurde das Gewehr leicht geölt und mußte vor dem Schießen durchgezogen sowie nach diesem wiederum gründlich gereinigt werden. Das Gewehr wurde jedesmal soweit als notwendig auseinandergenommen. Schloß, Mehrladeeinrichtung, Stock und Riemen durften von den Mannschaften entfernt und wieder angebracht werden. Die Rekruten mußten nach einer gewissen Zeit im Auseinandernehmen und Zusammensetzen des Schlosses vollständig ausgebildet sein. Dieses Waffenreinigen mit den nötigen Nebenarbeiten war vor Besichtigungen und Musterungen sowie stets einmal in der Woche - auch ohne besondere Beanspruchung - erforderlich.

Die sehr breiten und hohen Kasernenflure eigneten sich bei schlechtem Wetter gut zum Antreten in mehreren Gliedern. Sie wurden auch, weil die Gewehre der Korporalschaften hier griffbereit in Mauernischen standen, für die Waffenreinigung genutzt. Auf diesem Bild reinigen Musketiere der 1. Kompanie eines nicht näher bezeichneten Infanterie-Regiments ihre Gewehre 88 (s. den Text zu Tafel Nr. 11). Übrigens führten die Kavalleristen den Karabiner 88 von 955 mm Länge und 3145 g Gewicht und die Fußartilleristen das diesem Karabiner formgleiche Gewehr 91. Es hatte allerdings unter dem Oberring am Lauf eine Vorrichtung, um die Gewehre zu Pyramiden zusammensetzen zu können.

Zum Arbeitsdienst und Unterricht wurden die Drillichjacke im Schnitt einer Litewka mit dazugehörender Hose und Schnürstiefeln angezogen. Die Mannschaften tragen hier die blau-melierte Hose und »Knobelbecher«. Deshalb ist anzunehmen, daß sie vom Schießen zurückgekehrt sind. Fand nach dem Reinigen der Gewehre kein Waffenappell statt, wurden diese in die Halterungen auf dem Flur gestellt und stichprobenartig auf ihre vorschriftsmäßige Pflege überprüft. Die Schürzen wurden sicher nicht in allen Kompanien genutzt. Bei der Sparsamkeit des Militärfiskus sind sie als zweckmäßige Arbeitskleidung mit Eigenmitteln von Kompanieschneidern aus abgelegtem Tuch gefertigt worden.

Noch ein Wort zu den Kasernen: Es handelt sich bei ihnen im engeren Sinne um die Wohngebäude der Truppen, im weiteren Sinne aber um die gesamte Anlage für Unterkunft, Dienst- und Wirtschaftsbetrieb des Truppenteils. Die erste nach einheitlichem Plan entworfene preußische Kaserne ließ König Friedrich Wilhelm I. im Jahre 1738 für das Regiment Gens d'armes in Berlin auf dem Gendarmenmarkt errichten. Die Entwicklung des Kasernenbaus in den deutschen Ländern kann hier nicht dargestellt werden. Es gibt aber erste Veröffentlichungen, so zu Mecklenburg. Als jedoch nach dem Krieg von 1870/1871 neue umfangreiche Kasernenanlagen entstanden, folgten ihre Baumeister der Erkenntnis, daß viel Licht und reine Luft in den eigentlichen Wohngebäuden der Mannschaften und Unteroffiziere deren Gesundheit förderten. Deshalb gingen sie zu möglichst weitläufiger Bebauung mit nicht zu hohen Einzelbauten über. Eine vollständige Kasernenanlage umschloß somit neben Mannschaftswohn-, Wirtschafts-, Familien- und Stabsgebäude sowie Offizierspeiseanstalt auch Kammergebäude, Geräteschuppen, Bedürfnisanstalten, Munitionshäuser, Waffenmeisterwerkstätten, Asche- und Müllgruben, Hof-, Exerzier-, Turn- und Reitplätze, dazu je nach Waffengattung Exerzierhaus, Geschützexerzierschuppen, Stallungen, Reitbahnen und Beschlagschmiede. In den schon sehr genormten Kasernenblöcken lagen die Bataillone meistens geschlossen in einem entsprechend großen Block. Jede Kompanie war für ihren Bereich zuständig. Diese Kompaniereviere - es waren oft durch den ganzen Block gehende Flure - wurden gern mit Traditionsstücken und Andenken aller Art ausgestattet. Im weiteren Sinne gehörten auch kompaniebezogene Gedenktafeln an die Gefallenen der letzten Kriege zu ihnen.

REVIER
DER
I.COMPAG.
VON DER I.COMP.
starben
IM KRIEGE GEGEN FRANKREICH
1870-71
DEN HELDENTOD
Sergt. BAUER
Uoff. PISTORIUS
Tamb. OTTE
Musk. MAIER.V
JESCHKE
WALLDORF
Musk. VOSSBERG
MUTSCHLER
LEHMANN
SPIESS
BEHRINGER
KILIAN
WERTHEIMER
ZAHN
C. Röchling

Tafel 16 DIE COMPAGNIEPHILOSOPHEN

Im deutschen Heere erhielten die Truppenteile bestimmte eiserne Bestände an Bekleidungs- und Ausrüstungsstücken zugewiesen. Diese mußten verwaltet und erhalten werden. Von ihnen war der Friedensstand der Mannschaften (im Bataillon 520 - 660 Mann) einzukleiden und auszurüsten. Aus Sparsamkeitsgründen waren dazu Vorräte an Bekleidung und Ausrüstung für die Kriegsformationen, d. h. Reserveregimenter, Ersatzbataillone, Landwehrregimenter, anzusammeln. Außerdem stieg die Stärke eines aktiven Regiments dann auf über 1 000 Mannschaften und Unteroffiziere. Das konnte nur mit schonendster Behandlung durch den Soldaten und einfachste Reparaturausführung von ihm selbst bzw. durch die Ausführung von schwierigen Reparaturen durch gelernte Handwerker erreicht werden. Damit sollten die vorgeschriebenen Tragezeiten deutlich verlängert werden. Je nach dem Grad der Abnutzung wurde von 1., 2. usw. Garnituren gesprochen und diese auch karteimäßig so nachgewiesen. Zur Durchführung aller dieser Maßnahmen stand dem jeweiligen Kommandeur eine Bekleidungskommission zur Seite. Sie forderte auch die dem Regiment jährlich zustehende Summe vom Korps an. Abgezogen wurden die Bestellungen bei dem Korpsbekleidungsamt und der Rest auf verschiedenen Konten gutgeschrieben.

Bei den gelernten Handwerkern, den »Ökonomiehandwerkern«, handelte es sich um Leute, die als Schneider, Schuhmacher, Sattler oder zur Bedienung von Maschinen in den Truppen- und Korpswerkstätten (Maschinenschlosser, Fabrikarbeiter, Gerber, Lederzurichter, Kürschner, Mützenmacher usw.) zu verwenden waren. Schneider und Schuhmacher kamen vorwiegend zu den Fußtruppen, die Sattler zu den berittenen Waffen. Bei den Musterungen wurden eingeschränkt Taugliche im allgemeinen der Ersatzreserve zugewiesen. Für die dringend benötigten Handwerksberufe gab es Ausnahmen. Sie wurden trotzdem eingezogen, leisteten aber nur eine kurze Ausbildungszeit als Soldat (etwa drei Wochen), um einigermaßen mit den Waffen vertraut gemacht zu werden. Dann erfolgte ihr Einsatz unter der Leitung von Handwerksmeistern, d. h. langjährig gedienten Unteroffizieren. Sie zeichneten die Materialien aus und schnitten sie zu, gewährten die Anleitung, übten die Aufsicht aus und führten die Zuschneide- und Arbeitsbücher. Diese Unteroffiziere durften gewerbsmäßig keine Privatarbeiten übernehmen, keine Gesellen und Lehrlinge halten und kein Handelsgewerbe – auch nicht unter dem Namen ihrer Ehefrauen – betreiben. In modernen Kasernen gab es das »Ökonomiegebäude« mit den Werkstätten für diese Gewerke. Im Kriegsfall wurden alle Ökonomiehandwerker an den Ersatztruppenteil abgegeben.

Mit dem 1. April 1896 gingen die Schuhmacherwerkstätten der Regimenter ein. Die Fußbekleidung wurde nun bei den Korpsbekleidungsämtern angefertigt und ausgebessert. Eine Handwerkerabteilung beim Korps bestand um 1895 aus 60 Schustern und 20 Schneidern. Für ihre Arbeit standen ihnen moderne Maschinen zur Verfügung.

Die Beschäftigung der Ökonomiehandwerker geschah nur in den festgelegten Dienststunden. Sogar vor Musterungen war jegliche Dienstarbeit an Sonn- oder Feiertagen verboten. Dagegen konnte mit Erlaubnis der Vorgesetzten der private Betrieb der Werkstätten gestattet werden, wenn er sich auf die dienstfreie Zeit beschränkte, den Soldaten zugute kam und von der Ortspolizeibehörde genehmigt war. Für die Räume und Geräte war eine Entschädigung an die Truppe zu zahlen.

Carl Röchling führt mit dieser Tafel in die Schuhmacherwerkstatt einer Kompanie des 4. Großherzoglich Hessischen Infanterie-Regiments (Prinz Carl) Nr. 118. In dieser herrschte stets ein reger Publikumsverkehr. Hier entstanden häufig Gerüchte und wurden weiter verbreitet. Sicher hat der Maler seine persönlichen Erfahrungen bei dem Bild zeichnerisch dargestellt und auch das an diesem Ort ungewöhnliche Feldbett nicht vergessen.

Nach der Umsetzung der Ökonomiehandwerker zu den Korpsbekleidungsämtern sonderten die Regimenter aus den neuen Rekruten, diese waren meist noch in Zivil, die Schneider und Schuster aus und setzten sie handwerklich ein. Sie nahmen allerdings voll am Dienst teil und waren nur vom Revierreinigen, Kartoffelschälen und möglichst vom Wachtdienst befreit.

118
C.RÖCHLING

Tafel 17 UNSER RITTMEISTER

Einst kannte in Deutschland jedes Kind diese Uniform! Zur Bemalung unzähliger Holz-, Blei- und Zinnfiguren diente sie als Vorbild. Auch unendlich viele Jungen hatten den Wunsch, einmal nur diese Uniform zu tragen: die Uniform der Zieten-Husaren!

Ihr Attila war rot und hatte eine weiße, bei den Offizieren silberne Verschnürung. Auch der Kolpak war rot. Ab 1873 erhielt das Regiment wieder blaue Pelze, wie seine Angehörigen sie bereits unter König Friedrich II. von Preußen getragen hatten. Überhaupt ist es der Truppenteil in der preußischen Husarenwaffe, der seit seiner Errichtung im Jahre 1730 als Leib-Husaren-Kompanie - erst 1741 wurde nach zwischenzeitlichen Verstärkungen daraus ein Regiment - seine Uniformierung kaum verändert hatte.

An allen Feldzügen Friedrichs des Großen hatte es unter seinem berühmten Kommandeur und Chef, Hans Joachim v.Zieten, teilgenommen. Auch unter dessen Nachfolgern kämpfte es in den Feldzügen von 1792 bis 1794 sowie 1806/1807 gegen Frankreich. Aus den dürftigen Resten des Regiments, des Husaren-Bataillons Nr. 11 und einigen Mannschaften des Berliner Husaren-Kommandos wurde 1807 das Husaren-Regiment Rudorff und 1808 das 1. Brandenburgische Husaren-Regiment neu gebildet. 1861 erhielt es die Bezeichnung Brandenburgisches Husaren-Regiment (Zietensche Husaren) Nr. 3 und endlich am 27. Januar 1889 den Namen Husaren-Regiment von Zieten (Brandenburgisches) Nr. 3. Häufig mußte dieser Truppenteil seine Garnison wechseln, doch ab dem Jahre 1851 blieb er, von kleinen Detachierungen abgesehen, in Rathenow stationiert.

Der abgebildete Rittmeister (eine kolorierte Version findet sich bei Martin Lezius) hält den Feldstecher, der 1890 schon in allen Truppenteilen vertreten war, und den gezogenen Säbel in den Händen. Der Feldstecher hing zunächst am Riemen über der Schulter. Zur Vermeidung unkontrollierter Bewegungen im Galopp und dem daraus folgenden häufigen Verlust des Feldstechers wurde dieser Riemen unter die Feldbinde geschoben. Ab 1896 wurde er auf einem an der inneren Seite der Husaren-Schärpe befindlichen Riemen befestigt. Die Offizierschabracke wies die gleichen Farben wie die der Mannschaft auf. Sie war blau, mit rotem Zackenrand und silbernem Blumenmuster und ebensolchen Litzen.

Nach dem »Reglement über die Remontierung« vom 2. November 1876 wurden die Durchschnittsgrößen der Pferde für die preußische Kavallerie neu festgelegt. Gegenüber den Maßen von 1806 und 1817 fand eine Erhöhung statt. Die Pferde der Garde du Corps sollten 1,65 m, der Garde-Kürassiere 1,62 m, der Linien-Kürassiere 1,60 m, der Ulanen und der leichten Kavallerie 1,57 m und der Linien-Dragoner und der Husaren 1,52 m als Maße haben. Bereits 1894 wurden diese Vorgaben gesenkt.

Alle Militärpferde hatten auf der rechten oder linken Hinterbacke Brandzeichen, die Auskunft über die Gestüte gaben:

Außerdem waren noch Brandzeichen für Holsteiner (ein Ritter zu Pferde) und Hannoveraner (gekreuzte Pferdeköpfe) vorhanden. Viele Privatpferde stammten aus Gestüten Österreich-Ungarns.

Das hier beschriebene Regiment eroberte 1745 bei Katholisch-Hennersdorf zwei Pauken. Sie blieben bis 1821 im Regiment. 1857 bekam es wieder die Genehmigung, diese kupfernen Pauken zu führen. 1874 schenkte dann Prinz Friedrich Karl von Preußen dem Regiment, dessen Chef er von 1878 bis 1885 war, ein Paar silberne Pauken (A.K.O. vom 2. Mai 1874).

C.R.

Tafel 18 AUF DER MILITAIRSCHIESSSCHULE IN SPANDAU

»Treff ist Trumpf«

Zum 1. Januar 1861 errichtete die Preußische Armee in Spandau-Ruhleben eine Militär-Schießschule aus der seit dem 1. Dezember 1854 bestehenden Gewehr-Prüfungs-Kommission. Sie gliederte sich 1879 in die Direktion, die Lehr- und Versuchs-Abteilung und daneben in die wiedererrichtete Gewehr-Prüfungs-Kommission. Letztere wurde aber mit dem 1. Dezember 1883 abgetrennt. Seit dem 18. Dezember 1890 hieß die gesamte Einrichtung Infanterie-Schießschule. Deren Aufgabe war im wesentlichen:

1. Sachverständige für das Schießen mit Handfeuerwaffen und Schießlehrer heranzubilden, Kenntnisse der Handfeuerwaffen zu vermitteln und Verständnis für die Munition und deren Vorschriften zu fördern;
2. Feststellung etwaiger Mängel der Schießvorschrift und Vorschlag von Verbesserungen;
3. Auswertung der Vorschriften fremder Armeen und der militärischen Fachliteratur;
4. Begutachtung von Schießen und Schießdienst auf Befehl;
5. Durchführung des Meldewesens über Schießberichte der Armee;
6. Überwachung von Schießstandeinrichtungen und -anlagen sowie Prüfen von Kostenvoranschlägen.

Zur Erfüllung dieser Aufgaben wurden jährlich etwa je 30 Hauptleute und Leutnante aus dem ganzen Heere - mit Ausnahme der Königlich Bayerischen Armee, die seit 1872 in Augsburg eine eigene Militär-Schießschule betrieb - kommandiert. Zu der Stammkompanie in Spandau gehörten 140 bis 210 Gemeine mit der entsprechenden Anzahl Unteroffiziere. Ähnlich waren auch die Unteroffizier-Übungskompanien zusammengesetzt.

Auf dem Bild vom Schießstand dieser Schule in Spandau schießen Offiziere aus verschiedenen Infanterieregimentern, ein Dragoneroffizier (am eckigen Schirm seines Helmes zu erkennen) und ein Offizier des Garde-Jäger-Bataillons. Angelehnt an einem Baum feuert eben ein Offizier eines nicht bestimmbaren Linieninfanterieregiments mit dem Gewehr 88 (s. den Text zu den Tafeln Nr. 11 und Nr. 15). Des weiteren trägt dieser Offizier den Infanterie-Offizierdegen M 89 untergeschnallt. Der Offizier wird recht skeptisch von dem die Schießkladde führenden Gefreiten beobachtet. Vorschriftswidrig dicht neben dem Offizier stehen die übrigen Offiziere. Als Schießpreis für den besten Schützen in ihren Reihen schossen die Offiziere mit Enthusiasmus einen Ehrendegen oder eine Taschenuhr mit Widmung aus.

Als kompliziert – zumindest für heutige Betrachter – erweist sich das System der Schießauszeichnungen für alle Unteroffiziere und Mannschaften in jener Zeit. Am 25. April 1850 war durch A.K.O. für gute Schießleistungen bei Infanterie, Jägern und Schützen sowie Pionieren ein Abzeichen (eine schmale weiße Bandlitze mit schwarzem Mittelstreifen) in drei Klassen eingeführt worden. 1868 wurden diese Schießklassen auf letztlich zwölf erweitert. Die Unteroffiziere und Mannschaften, die eine Schießauszeichnung während ihres Kommandos zur Gewehr-Prüfungs-Kommission errangen, bekamen ab dem 25. September 1856 eine besondere Litze mit zwei schwarzen Streifen. Diese Litze saß immer unter den anderen Auszeichnungen (s. Text zu Tafel Nr. 28). Bei ihren Truppenteilen führten sie jene Litze als unterste. Als dann am 27. Januar 1894 die Schützenschnur in den schwarz-weiß-roten Reichsfarben eingeführt wurde, fielen die Schützenlitzen fort. Die der Infanterie-Schießschule wurde durch eine silberne Eichel mit silberner Schnur an der Schützenschnur ersetzt. Die Offiziere legten weder Schützenlitzen noch Schützenschnüre an.

C.Röchling

Tafel 19 ADJUTANT DER KAVALLERIE

Kaum eine Aufgabe gab es im Bataillon oder Regiment, für die der Adjutant nicht zuständig war: Schriftoffizier, Vertrauter des Kommandeurs, Mittler zwischen ihm und den Offizieren, Bearbeiter der Mobilmachungsangelegenheiten und eine Art »Vorzimmerdame» umreißen noch nicht einmal vollständig seine Aufgaben.

Adjutanten sind eine solch alte Einrichtung in den Heeren aller Staaten, daß sich die Spuren im Dunkel der Militärgeschichte des Mittelalters verlieren. Bereits am Ende des 16. Jahrhunderts lassen sich diese Gehilfen der Regimentskommandeure nachweisen. In der Garnison waren dem Adjutanten, den es bei der Infanterie vom Bataillon und bei der Kavallerie vom Regiment an aufwärts gab, für die Erledigung ihrer vielfältigen Aufgaben Schreiber zugeteilt. Erfahrene Schreiber entlasteten den Adjutanten von vielen Routinearbeiten. Nicht entbinden konnten sie ihn von den häufig als lästig empfundenen gesellschaftlichen Verpflichtungen und der Bearbeitung der Personalangelegenheiten der Offiziere.

Zu den Aufgaben des Adjutanten gehörte auch die des »Untersuchungsrichters der niederen Gerichtsbarkeit«. Sie bestand auf Bataillons- und Regimentsebene mit den Kommandeuren als Gerichtsherren, erstreckte sich auf Personen ohne Offizierrang und umfaßte die nur mit Arrest bedrohten militärischen Vergehen. Für diese konnten nur Freiheitsstrafen bis sechs Wochen und Geldstrafen bis 150 Mark verhängt werden.

Angestrebt wurde der Dienstposten des Adjutanten jedoch von jedem jungen Offizier. Er war auch bei der Infanterie beritten, trug daher Sporen und legte die Schärpe von der rechten Schulter zur linken Hüfte. Von einem tüchtigen Vorgesetzten erhielt der Adjutant früh Einblick in die dienstlichen Angelegenheiten, die ihm einen Vorsprung an Fachwissen gegenüber den Jahrgangskameraden gaben und ihn bei etwas Soldatenglück und natürlich Können in der Rangliste nach oben brachten. Regelmäßig dauerte die Tätigkeit eines Bataillonsadjutanten drei Jahre. Danach trat der Offizier meist in die Truppe zurück.

Die Adjutanten der Kavallerie und der anderen Waffen hatten fast gleiche Aufgaben. Erhebliche Unterschiede gab es in der Vorbereitung einer Mobilmachung bei der Beschaffung von Pferden. Dem Bedarf von kaum 50 Pferden eines Infanterie- oder Jägerbataillons stand der erheblich gestiegene der Kavallerie mit ihrer Regimentsgefechtsstärke von 27 Offizieren und rund 600 Unteroffizieren und Mannschaften, 38 Handpferden, zwei Reitpferden der Packpferdeführer, zwei Sanitätspackpferde sowie zwei sechsspännig gefahrene Brückenwagen und fünf vierspännig gefahrene Futterwagen gegenüber. Das waren dann ungefähr 750 Reit-, Zug- und Packpferde, von denen im Frieden nur ein Teil vorhanden war. Noch größer war der Pferdebedarf der Artillerie und des Trains.

Carl Röchling zeichnete auf dieser Tafel einen Premierleutnant als Adjutanten der Dragoner im gern angezogenen, hellblauen Überrock mit der Schärpe. Die Hosen der Offiziere waren jedoch dunkelblau ohne Vorstöße. Seit 1848 trugen Dragoner kornblumenblaue Mützen mit Randstreifen und Vorstößen in Regimentsfarbe. Der vom Adjutanten getragene Offiziersäbel wurde mit A.K.O. vom 11. November 1852 eingeführt und war seit 1857 in Gebrauch. Der Griff war mit Fischhaut überzogen und mit Silberdraht umwunden.

Tafel 20 BAJONETFECHTEN

»Feste August«

Zum Turnunterricht traten die Mannschaften mit Mütze, Drillichzeug und Schnürstiefeln heraus; die Unteroffiziere zusätzlich mit Koppel. Empfangen wurden uralte Gewehre mit Bajonetten, an deren Spitze Lederballen befestigt waren. Das Bajonettfechten - oder auch Bajonettieren - gehörte zum Turnunterricht und nicht zur Gefechtsausbildung. Es sollten die Reaktionsschnelligkeit und die Beherrschung des Körpers geschult werden. Hierzu bediente sich die immer recht sparsame Armeeverwaltung vorhandener Beutegewehre, oft französischer Herkunft, bei denen die Schlösser entfernt worden waren. Sie fanden lange Zeit Verwendung.

Der Wert des Bajonettfechtens war in der Armee umstritten, obwohl verschiedene Regimenter Wettbewerbe durchführten und Preise vergaben. Sogar König Wilhelm I. mit seiner jahrzehntelangen Erfahrung als Truppenführer und dadurch geschulten Beobachtungsgabe hat es einmal als modernen Unsinn bezeichnet, mit dem man im Kriege gar nichts erreiche und den er dulden müsse, »sonst glaubten die Leute, er sei gegen jede Verbesserung«. Nach 1889 hatte es verschiedene Vorschriften für das Bajonettfechten gegeben, wovon die letzte aus dem Jahre 1908 stammte.

Auf einem Kasernenhof üben – auf der Tafel abgebildet – Soldaten eines nicht zu bestimmenden Truppenteils. Für sie ist es nicht leicht, das schwere Gewehr mit beiden Armen vorzustoßen – »Auslage« hieß diese Kraftübung. Der linke Arm wurde durch den schweren, ledernen und zusätzlich gepolsterten Unterarmschuh bald lahm. Dieser sollte sich möglichst in der Senkrechten mit den gebeugten Knieen befinden. Eine ebenfalls dick gepolsterte Lederschürze hemmte die Beweglichkeit des Körpers. Das Gleichgewicht war durch Sprünge zu halten. Beim Stoß des Gegners mußte der eigene Körper zurückschnellen und das Gewehr zur Abwehr abgewinkelt werden. Treffer zwischen Gesichtsschutz und Schürze konnten sogar gefährlich werden, schmerzhaft blieben sie immer.

Das Bajonettfechten führten wechselweise zwei Partner aus. Dabei sah die Korporalschaft zu und wurde über gemachte Fehler unterrichtet. Ein Nachteil bestand darin, daß die Augen des Unteroffiziers oder Gefreiten nicht überall weilen konnten. Dann wurde in der Linie »gequatscht« oder der Blick der Rekruten wanderte - wie auf dem Bild - zu scheinbar interessanteren Dingen. Erfolgversprechender erwies sich das Antreten in sich gegenüberstehenden Linien mit dem notwendigen Abstand zum Gegenüber und zu den Nebenleuten.

Die Bajonettangriffe preußischer und bayerischer Infanteristen in den Befreiungskriegen von 1813 bis 1815 und im Deutsch-Französischen Krieg 1870/1871 hatten einen legendären Ruf. Truppen, die sich verschossen hatten, griffen dabei so nachdrücklich an, daß der Gegner der Angriffswucht meist nicht gewachsen blieb. Mit der Verbesserung der Schußwaffen, vor allem jedoch dem Aufkommen der Maschinenwaffen, sank die Bedeutung von Bajonettangriffen immer mehr. Die moralische Wirkung erhielt sich aber noch lange Zeit.

C. RÖCHLING.

Tafel 21 SCHEIBENANZEIGER

»Mannsbreite rechts hoch«

In der Schießausbildung erlernte der Rekrut zuerst die technischen Daten und die Eigenschaften seines Gewehres sowie die Vorgänge der Waffe beim Feuern eines Schusses. Für manchen war dieser Lehrstoff schon schwer zu begreifen, doch noch abstrakter wurde der Unterricht in Schießlehre mit dem Entfernungsschätzen, Zielen und Vermeiden von links oder rechts Verkanten, Voll- und Feinkorn. Vor dem Schulschießen kamen dann noch die verschiedenen Anschläge sowie die Übungen mit Exerziermunition in der Bewegung und in Stellung hinzu. Mancher, der die Exerziermunition in den Schmutz warf, lernte seinen Unteroffizier von einer unangenehmen Seite kennen. Schließlich hatte auch jeder Rekrut begriffen, welche Folgen Verschmutzungen für sein Gewehr bedeuten konnten.

Dann endlich ging es ins Freie und der Schießunteroffizier erklärte den Rekruten in der Einzelausbildung die letzten Feinheiten, überprüfte ihren Wissensstand und gab noch viele nützliche Hinweise. Was der alles wußte! Er trug die silberne Eichel an der Schützenschnur als Abzeichen für den Besuch der Infanterie-Schießschule. Nach der vielen Theorie wurde mit großer Spannung dem ersten Schießen mit scharfem Schuß, dem Schulschießen, entgegengesehen. Das war endlich der ersehnte praktische Dienst. Grundsätzlich gab es für jeden Mann einer Infanteriekompanie im Jahr 150 Patronen, davon 50 Patronen für gefechtsmäßiges Schießen.

Der Unteroffizier als Aufsicht beim Schützen, der Schreiber und die Anzeiger in der Deckung trugen ihre Uniform mit der Mütze. Den Offizieren war die Kopfbedeckung freigestellt. Zuerst erfolgte auf dem Schießstand durch einen Offizier eine Belehrung. Hohe Gewissenhaftigkeit wurde den zum Anzeigen kommandierten Soldaten und dem Schreiber abverlangt. Vorsätzlich falsches Anzeigen und unrichtige Eintragungen in die Schießkladde konnte nach Paragraph 139 des Militärstrafgesetzbuches bestraft werden. Ausdrücklich wies der Offizier auch daraufhin, daß die Zahl der abgegebenen Schüsse genau mit den Eintragungen der Schießkladde übereinstimmen mußte.

Geschossen wurde beim Schulschießen auf Ringscheiben mit 12 Ringen, Ringkopf- bzw. Ringbrustscheiben aus Entfernungen von 150 m, 300 m und 400 m sowie auf eine »400 m-Scheibe«, die eine Schützenlinie darstellte. Hier sollten die Schüsse in einem 50 cm hohen und 1 m breiten Band liegen. Lästig war eigentlich nur das Melden des abgegebenen Schusses, der oft ganz woanders lag, als der Schütze es zu wissen meinte und der Anzeiger aus der Deckung anzeigte. Aus anfänglicher Angst vor dem Rückschlag des Gewehres wurden von dem noch ungeübten Schützen häufig die Augen geschlossen oder durch zu langes Zielen verschwamm die Zielscheibe. Über die häufig humorvollen Kommentare seiner Schießergebnisse freute sich der junge Schütze. War es eine »Zwölf«, wurde der Glückliche als »Wilddieb« bezeichnet, war es eine Fahrkarte, zitierten die Kameraden häufig die Großmutter, die angeblich selbst bei Nebel und Seitenwind besser schoß.

Der Soldat auf dieser Tafel zeigt die Trefferlage beim Gefechtsschießen (s. die Tafeln Nr. 24 und auch Nr. 28), wo ausschließlich diese Figurscheiben, neben Kopf-, Brust- und Kniescheiben verwendet wurden. In Deutschland erschienen auf allen Schießscheiben - im Gegensatz zu mehreren anderen Nationen - ausschließlich deutsche Soldaten. Niemals kamen hier ausländische Persönlichkeiten als Zeichnungen auf den Schießscheiben vor. Die bunten Uniformen wurden um 1910 durch Darstellungen von deutschen Soldaten im grauen Manteltuch ersetzt.

Das Schulschießen war natürlich nicht der Hauptzweck dieser in Deutschland so wichtigen Ausbildung, sondern das gefechtsmäßige Schießen. Die Mannschaften waren in zwei Schießklassen mit unterschiedlich hohen Anforderungen eingeteilt. Das gefechtsmäßige Schießen gliederte sich in Einzel- und Abteilungsschießen mit zehn bzw. 40 Patronen. Jedes Schießen wurde in ein Kompanieschießbuch und bei dem Mann selbst in einem sogenannten kleinen Schießbuch eingetragen – ebenso die Schießpreise und Schützenabzeichen.

C.R.

Tafel 22 BEI VATER PHILIPP

»Ein freies Leben führen wir«

In ihrer Dienstzeit machten nicht wenige Soldaten die unliebsame Bekanntschaft mit den »Kriegsartikeln«, die einen Auszug aus dem «Militärstrafgesetzbuch für das Deutsche Reich« vom 20. Juni 1872 bildeten und dessen wichtigste Bestimmungen enthielten. Geringe Verstöße, wie unzureichende Pferdepflege, Kleider- oder Waffenreinigung, wurden mit Extrawachen oder der Einteilung zu wenig beliebten Dienstverrichtungen geahndet. Dazu gehörten das Kartoffelschälen und die Toilettenreinigung. Bei schweren Vergehen trat aber gerichtliche Bestrafung ein: »Die Strafen, auf welche gerichtlich erkannt werden kann, sind Arrest, Festungshaft, Gefängnis, Zuchthaus und in schwersten Fällen Todesstrafe.« Weiter teilte dieser Artikel 5 die Strafen wie folgt ein: »Der Arrest ist gelinder, mittlerer und strenger. Der Höchstbetrag der beiden ersten Arten ist 6 Wochen, der des strengen Arrestes 4 Wochen. Festungshaft, Gefängnis und Zuchthaus sind entweder von zeitweiliger Dauer bis zu 15 Jahren oder lebenslänglich.«

Im Frieden blieben die häufigsten Vergehen das Überschreiten des Ausgangs, das »über den Zapfen hauen«, und Vergehen im Wachdienst (Einschlafen nach längeren Märschen) nicht gerade selten. Dafür gab es dann Arreststrafen. Die Sünder nannten die Arrestaufseher »Vater Philipp«. Der Name rührte wohl von dem Armeeaufseher der Potsdamer Garnison, dem Unteroffizier Johann Philipp, her. Dieser war 1818 mit diesem Amte betraut worden. Diese Bezeichnung für den Karzer oder das Arrestlokal findet sich fast im ganzen Deutschen Reich. Die zusätzliche Bildunterschrift »Ein freies Leben führen wir« hat Carl Röchling wohl aus einem der kaum zu zählenden Reservistenlieder übernommen. Im Gardekorps sangen die Soldaten in »Des Gardisten Abschied von Berlin« gern diese Strophe:

In der Hasenheide steht ein rotes Haus,
Drinnen sind Gardisten, schaun zum Fenster raus.
Tut man sie wohl fragen nach des Hauses Namen,
Rufen sie heraus: »Vater Philipps Haus!«

Jenes Gebäude in der Hasenheide lag an der Lehrter Straße in Berlin. Das treffendste Lied (»Altes Berliner Reservistenlied«) wurde jedoch im Nachlaß eines Angehörigen des 1. Garde-Ulanen-Regiments gefunden. Heute ist es ganz zu Unrecht nahezu vergessen. Deshalb sei sein vollständiger Text nachfolgend wiedergegeben. Der auf diesem Bild in der Arrestzelle einsitzende Husar eines nicht zu bestimmenden Regiments mag an ihn jetzt denken. Er lautet:

»In der großen Hauptstadt Preußens,
Stets verschlossen ist das Tor,
Drahtgardinen vor den Fenstern
Und ein Posten steht davor.

Grau und düster sind die Mauern,
In der Residenz Berlin,
Steht wohl in der Hasenheide.
Ein Gebäude stolz und kühn.

Hinter diesen düstern Mauern
Sitzt so mancher Grenadier,
Kürassiere und Ulanen
Und so mancher Pionier.

Grau und düster sind die Mauern,
Stets verschlossen ist das Tor,
Drahtgardinen vor den Fenstern
Und ein Posten steht davor.

Hast Du einmal was verbrochen,
Gibt's gewöhnlich gleich drei Tag'.
Mit'm Kommissbrot unterm Arme
»Fährst« Du gleich drei Tage ab.

Dort erhältst Du eine Zelle,
Ausstaffiert ist sie nicht schlecht:
Pritsche, Wasserkrug und Spucknapf,
Aufsatz, Brett und Stiefelknecht.

Nur drei Tage, nur drei Nächte,
Bis die liebe Sonn' auf ist.
Dann meld'st Du dem Vater Phillip:
Meine Strafe ist verbüßt!«

Kommst Du wieder zur Kaserne,
Gleich der Hauptmann zu Dir sagt:
»Nun, mein Sohn, reiß Dich zusammen,
Sonst wirst' wieder hingebracht!«

C.R.

Tafel 23 KRANKENTRÄGER – UEBUNG

»Sachte Heinrich, ich bin todt«

In Übungen ab der Ebene Kompanie wurden gelegentlich Krankenträger-Übungen eingeflochten. Zuvor abgeteilte und eingewiesene Soldaten legten dazu ihre Schußwaffen, Patronentaschen, Helme und Tornister ab und nahmen die Krankentragen auf. Sie nannten sich »Hilfskrankenträger« im Unterschied zu den Krankenträgern und gehörten nicht zum Sanitätsdienst. Ein Soldat sollte die »Verwundeten« suchen, die zuvor von Militärärzten und Sanitätsunteroffizieren und -mannschaften abgeteilt waren. Dazu bekamen die Verwundeten einen Zettel mit der Art ihrer Verletzungen auf die Brust geheftet. Der Verletzte mußte sachgerecht auf die Krankentrage gelegt und zum Verwundetensammelplatz gebracht werden. Gehfähige sollten ebenfalls das Gefechtsfeld verlassen und ihre Waffen und Ausrüstungsgegenstände notfalls von Hilfskrankenträgern getragen werden.

Oft war es nicht leicht, der Truppe die Notwendigkeit derartiger Übungen zu vermitteln. Zumeist fehlte der nötige Ernst bei den zu »Toten« erklärten, die ihren Ausfall gern zum Schlafen nutzten. Sie konnten oft erst bei Märschen und den dann möglichen Hitzeschlägen oder wirklichen Unglücken nachdrücklich belehrt werden.

Besser ausgebildet waren die Krankenträger. Sie waren den Trainabteilungen angeschlossen und sollten im Mobilmachungsfalle bei jedem Armeekorps eine Kompanie bilden. Bei ihnen handelte es sich um Wehrpflichtige, die überzählig oder aufgrund häuslicher Verhältnisse unabkömmlich waren. Man überwies sie für zwölf Jahre zur Ersatzreserve und berief sie von Zeit zu Zeit zu Krankenträgerübungen ein.

Carl Röchling hat hier ein recht realistisches Bild eines Gefechtsfeldes mit einigen Arten von Verwundungen gezeichnet. Das schnelle Einsammeln und der Abtransport der Verwundeten war zu ihrem eigenen Schutz neben den ärztlichen aus vielerlei Gründen erforderlich. Sie sollten nicht nur dem feindlichen Feuer entzogen, sondern auch nicht der Gefahr ausgesetzt werden, von eigenen vorfahrenden Geschützen und Trainwagen überfahren sowie von eigener Kavallerie überritten zu werden. Im Ernstfall gestaltete sich die Bergung von Verwundeten problematisch, wenn sie zwischen den Fronten lagen. Aus der Kriegsgeschichte sind viele Beispiele überliefert, wo mit weißen Flaggen gekennzeichnete Leute Freund und Feind bargen. Bei der Suche nach Verwundeten leisteten dann auch Sanitätshunde gute Dienste.

Militärärzte, Sanitätsunteroffiziere und -mannschaften, letztere hießen bis 1899 Lazarettgehilfen, und Krankenträger kennzeichneten Rotkreuzarmbinden am linken Oberarm. Hilfskrankenträger trugen zu ihrer Uniform eine Schirmmütze mit Sturmriemen sowie auf den karmesinroten Achselklappen die gelbe arabische Nummer ihres Armeekorps.

Bis etwa 1905 entwickelte sich der Sanitätsdienst nach vielen Versuchen so, daß jeder Truppenteil über seine Ärzte und Lazarettgehilfen verfügte. Hinzu kamen noch in jeder Kompanie vier als Hilfskrankenträger ausgebildete Leute, die bis zum Gefecht in der Front blieben. Außerdem führte jeder Soldat, im vorderen linken Rockschoß eingenäht, ein Verbandpäckchen mit und trug seine Erkennungsmarke um den Hals. Zu jedem Bataillon gehörte ein zweispänniger Medizinwagen.

Es galt stets, die Verwundeten rasch in qualifizierte medizinische Versorgung zu überführen. Truppenverbandplätze mußte der Truppenteil bei größerer Gefechtstätigkeit rechtzeitig dort einrichten, wo der Medizinwagen einen leicht zugänglichen Platz fand, der dem feindlichen Gewehr- und Geschützfeuer entzogen war. Wasser sollte in der Nähe, Stroh und Decken mußten vorhanden sein. Erst im rückwärtigen Raum befand sich der Hauptverbandplatz unter möglichst besseren Bedingungen, als sie der Truppenverbandplatz bot. Dieser Platz war vor allem durch die Rote-Kreuz-Flagge zu kennzeichnen - bei Nacht durch rote Laternen. Von hier wurden die Verwundeten zur endgültigen Behandlung in das Feldlazarett befördert.

CRÖCHLING

Tafel 24 AUF DEM SCHEIBENSTANDE

»Füsilier Kramer hat abgeschossen«

Zum Gefechtsschießen wurden von den Schützen grundsätzlich der Helm und die vollständige Ausrüstung (Tornister, Feldflasche, Brotbeutel, Patronentaschen und Seitengewehr) getragen. Auf Befehl konnten Mantel, Spaten und die um den Tornister gelegte Decke hinzukommen. Sollten der Schreiber und die Leute aus der Deckung schießen, hatten auch sie diese vollständige Ausrüstung zu tragen.

Viele Vorschriften mußten aus Sicherheitsgründen sorgfältig beachtet werden. Sie wurden schon um 1870 entwickelt und blieben faktisch bis in die Gegenwart gültig. Auch das Lärmen, das Verlassen bestimmter Wege, das Betreten der Wälle und die Mitnahme von Exerzierpatronen waren schon damals auf dem Schießstand untersagt. Ungewöhnlich mutet heute an, daß beim Schießen Alkohol getrunken wurde. Ein halboffizielles, in Kantinen und Buchhandlungen erhältliches »Lern- und Lesebuch für den Dienstunterricht des deutschen Infanteristen« besagt im Absatz »Verhalten auf dem Stande« unter anderem: »Er enthält sich, ehe er abgeschossen hat, des Genusses geistiger Getränke«. In einem anderen, weit verbreiteten Werk wird berichtet: »... einige verleibten sich mit Zielwasser die erforderliche Seelenruhe ein.«

Das Gefechtsschießen galt nur als die Vorstufe für das Schießen auf Zug- und Kompanieebene, das meistens auf Truppenübungsplätzen stattfand. Erst ab 1891 wurden große Truppenübungsplätze in notwendiger Anzahl eingerichtet. Zuvor wurde zwar auch auf weiten Flächen geübt, zum Beispiel auf dem Tempelhofer Feld in Berlin oder dem Bornstedter Feld in Potsdam, doch meistens fanden die Manöver im Herbst auf den abgeernteten Feldern statt. Daneben gab es zwar Übungsplätze in der Nähe großer Garnisonen, sie reichten aber aufgrund ihrer geringen Abmessungen für das Schießen der Feld- und Fußartillerie nicht aus. Damit war auch die wichtigste Forderung der höheren militärischen Führer nach Übungen der verbundenen Waffen zu allen Jahreszeiten nicht erfüllbar. In diesen Forderungen, die stets in den Erfahrungsberichten erschienen, ist zugleich die erst langsame, dann immer zügiger verlaufende Abkehr vom Kriegsbild 1870/1871 und eine Zuwendung zu einem noch recht unsicheren »Krieg der Zukunft« erkennbar.

Aus den roten Achselklappen mit der aufgestickten gelben »26« des Schreibers und des sich meldenden Füsiliers auf diesem Schießstand ist zu ersehen, daß hier das Schießen des III. Bataillons des Infanterie-Regiments Fürst Leopold von Anhalt-Dessau (1. Magdeburgisches) Nr. 26 stattfindet. Das gesamte Regiment lag seit 1857 in der Garnison Magdeburg. Es war am 5. Juli 1813 zu zwei Bataillonen aus dem Elb-Infanterie-Regiment errichtet worden. Am 1. Oktober 1813 kam auch das Füsilier-Bataillon hinzu. Das Regiment hatte in den Befreiungskriegen von 1813 bis 1815 an vielen Schlachten, Gefechten und Belagerungen teilgenommen, so bei Großbeeren und Dennewitz. Es war 1849 auch in Baden eingesetzt, kämpfte 1866 auf dem Böhmischen Kriegsschauplatz (Königgrätz) und 1870/1871 gegen Frankreich (Sedan, Einschließung von Paris).

Zur Uniform ist anzumerken, daß die Ärmelpatten mit einem roten Vorstoß versehen und die Knöpfe gelbmetallen waren. Wie die gesamte Infanterie trug das Regiment seit 1887 schwarzes Lederzeug, das bis dahin ein besonderes Kennzeichen des Füsilier-Bataillons gewesen war. 1889 hatte auch das Füsilier-Bataillon die Bezeichnung »III. Bataillon« erhalten. Der Offizier hat zu diesem Dienst den allseits beliebten Überrock angezogen. Eigentlich schon 1843 abgeschafft, durfte er jedoch aufgetragen werden – ein Vorgang, der sich bis 1918 hinzog. Martin Lezius hat diese Gruppe koloriert dem Infanterie-Regiment v.Goeben (2. Rheinisches) Nr. 28 zugeordnet.

Tafel 25 DAS GANZE HALT!

»Müde Beine«

Über 20 Signale hatte der Soldat zu lernen, von denen die Rufe der Bataillone und Kompanien von vielen nie begriffen wurden. Ein Signal verstand auch schnell der jüngste Rekrut: »Das ganze Halt!« - versprach es doch ein Ende des Manövers, Erholung für die müden Beine und die Rückkehr ins Lager oder gar in die Garnison.

Carl Röchling benannte auch dieses Bild so und stellte rastende Garde-Jäger und Füsiliere vom 1. Garde-Regiment zu Fuß dar. Martin Lezius hat diese Szene koloriert aufgenommen. Beide Truppenteile waren mit dem 3. Garde-Regiment zu Fuß und dem Lehr-Infanterie-Bataillon in der 1. Garde-Infanterie-Brigade vereinigt. Das schwarze Lederzeug kennzeichnete die Füsiliere und unterschied sie vom I. und II. Bataillon. Während des Manövers trugen sie als Angehörige der »weißen Partei« weiße Überzüge auf den Helmen. Dieser Lederhelm mit der Spitze und dem Gardeadler wurde im täglichen Dienst aufgesetzt. Zu den Paraden zierte ihn ein schwarzer Haarbusch; ein roter Haarbusch war es bei den Spielleuten und Hoboisten. Außerdem trug dieses Bataillon auf besonderen Befehl jene mit der A.K.O. vom 8. Mai 1843 verliehenen Füsilier-Mützen (s. die Tafel Nr. 51). Das II. Bataillon hatte mit der A.K.O. vom 30. März 1824 zur Erinnerung an König Friedrich den Großen Grenadier-Mützen verliehen bekommen. Auch das I. Bataillon trug solche erstmals bei der großen Parade am 30. März 1826.

Das Garde-Jäger-Bataillon hatte den 15. Juni 1744 als Stiftungstag. Aufschluß über die Zusammensetzung des Truppenteils gibt eine Verfügung der Königlich Kurmärkischen Domänenkammer vom 18. Juni 1744. Hier heißt es: »Demnach Seine Königliche Majestät .. entschlossen sind, ein gewisses Corps Feldjäger zu Fuß, von Dauer, so viel möglich, einheimischen Forstbedienten-Söhnen, oder anderen bekannten Jägern zu errichten ...«. Des weiteren wurde ausgeführt: » ... wenn Dero Forstbediente sich alle Mühe geben würden, einige geschickte und ehrliche Jägerbursche, auf die man sich ihrer Treue halber sicher verlassen könne, zu engagieren ...«. Am Schluß der Verfügung wurde den »Jägerburschen« nach einigen Dienstjahren als Feldjäger zugesagt, sie im Staats-Forstdienst anzustellen.

Die Grundzüge für die Ergänzung aller preußischen Jägerbataillone sind in jener Verfügung enthalten. Die übrigen Bundesstaaten verfuhren ähnlich. Die Dienstzeit blieb für jeden Jäger und Forstbediensteten ein beruflicher Gewinn. Da begegneten sich die Angehörigen der so eng verwandten Berufe. Jeder konnte vom anderen lernen. Es entwickelte sich schnell ein Stolz auf die Jägerwaffe und so eine wichtige Grundlage für einen gesunden Korpsgeist. Unzureichende militärische Leistungen und charakterliche Mängel des Jägers während der Dienstzeit sprachen sich in der Jägerschaft herum und führten zu Nachteilen im späteren zivilen Leben.

Im November 1808 entstanden aus den Resten des ehemaligen Feldjäger-Regiments zwei Jäger-Bataillone. Das am 21. November errichtete Bataillon erhielt Garderang und führte ab 1. Juli 1813 die Bezeichnung Garde-Jäger-Bataillon. Seit 1817 lag es in Potsdam in Garnison, wie schon das 1. Garde-Regiment zu Fuß. Das Garde-Jäger-Bataillon führte am Tschako den neusilbernen Stern des Ordens vom Schwarzen Adler mit dem Devisenband »Mit Gott für König und Vaterland«.

C. RÖCHLING.

Tafel 26 BATAILLONSKÜCHE

»So leben wir«

Die Verpflegung der Soldaten in der Kaserne war durch vielfach überprüfte und ständig auf den aktuellen Stand gebrachte Vorschriften geregelt. Eine einfache und nahrhafte Verpflegung wurde täglich bereitet. Sie entsprach durchaus der Hausmannskost in Durchschnittsfamilien. Auch in diesen wurde an drei oder vier Tagen in der Woche Eintopf oder Zusammengekochtes gegessen.

Aus ärmlichen Verhältnissen stammende Wehrpflichtige erhielten vielfach erstmals im Militär regelmäßig ausreichende Nahrung. Hungern brauchte am Ende des 19. Jahrhunderts kein Soldat. Bedingt durch den Dienst in freier Natur, durch ungewohnte körperliche Betätigung und die Märsche war der Soldat ständig hungrig. Noch erhaltene Briefe und Karten aus der Zeit legen dafür beredt Zeugnis ab. Der Soldat hatte, solange er Löhnung empfing, Anspruch auf freie Verpflegung in Naturalien oder in Geld. Die erstere Form bestand aus drei Mahlzeiten. Jedoch konnte an deren Stelle auch Brot- oder Beköstigungsgeld treten.

In Barackenlagern, die es auf den Truppenübungsplätzen oder im Bereich von Festungen gab, bekamen die Soldaten das Beköstigungsgeld der nächsten Garnison und den für tatsächlich alle Dienstgrade gleichen Verpflegungszuschuß von fünf Pfennigen. In den Kasernen gab es - meist auf Bataillonsebene - verschraubbare kohle- und holzbeheizte Kochkessel mit einfachen Überdruckventilen und Hähnen zum Ablaufen des Wassers. Auch kamen schon zwischen äußerem und innerem Kessel Wasserbäder und Heizschlangen vor. Im Felde dagegen wurde in Kochlöchern das Essen zubereitet (s. Tafel Nr. 45). Auf Märschen gab es in den vorübergehenden Quartieren die Gestellung von Verpflegung durch die Quartiergeber gegen eine feste Vergütung von 80 Pfennigen bis zu einer Mark.

Auf diesem Bild empfangen Soldaten an der Bataillonsküche ihr warmes Essen in kleinen Schüsseln. Allgemein wird Drillichzeug und die Mütze mit der Landeskokarde getragen. Nur der Koch erscheint in Kochmütze, Schürze und einer kaum näher zu bestimmenden Arbeitsbluse. Erstaunlich ist die Schürze bei dem einen sein Essen empfangenden Soldaten. In diesem Falle scheint es sich um einen Handwerker, vielleicht um einen Kompanie- oder Bataillonsschuster bzw. um einen Sattler zu handeln. Die Bildunterschrift ist zusätzlich mit der bekannten ersten Zeile des Marsches »Der Dessauer« aus dem Jahre 1705 versehen:

»So leben wir, so leben wir,
so leben wir alle Tage
in der allerschönsten Saufkompanie.
Des Morgens bei dem Branntewein,
des Mittags bei dem Bier,
des Abends bei dem Mägdelein
im Nachtquartier.«

Tafel 27 KÜRASSIERE BEIM LANZENEXERZIEREN

»Eins - zwei! - Eins - zwei!«

Denselben Rang wie das Bajonettfechten bei der Infanterie (s. Tafel Nr. 20) hatte bei der Kavallerie natürlich das Lanzenfechten, gehörte doch die Lanze neben dem Karabiner und Säbel oder Pallasch zur Bewaffnung des Kavalleristen.

Rekruten übten zunächst zu Fuß das »in-die-Luft-werfen« und Wiederauffangen der Lanze, sodann das Radschlagen über den Kopf und an den Körperseiten. Erst danach wurden Stiche, die verschiedenen Abwehrmöglichkeiten und Griffe mit der Lanze geübt. Zur Vermeidung von Verletzungen gab es Einzelübungen, eine Art »Schattenboxen«. Erst dann wurde auf Lanzenabstand mit einem Kameraden als Gegenüber das Auf und Ab von Angriff und Verteidigung gedrillt. Das fand stets unter den wachsamen Augen eines Unteroffiziers statt. Beherrschte der Rekrut sein Pferd in allen Lagen des militärischen Alltags, wurde zu Pferde mit auf Pfähle gesteckten Strohköpfen oder am Boden liegenden Strohpuppen als dem »Gegner« geübt. Ziel der Ausbildung war ein Stich mit tödlicher Sicherheit auch vom galoppierenden Pferde aus. Außerdem sollte der Stich mit großer Wucht ausgeführt werden. Erfolgten die Übungen zur Zufriedenheit der Vorgesetzten, begann der praktische Dienst im Gelände mit Märschen, Sprungübungen, Führen des Pferdes im schwierigen Gelände und Kletterübungen. Immer war diese Lanze der oft lästige Begleiter.

Die Einführung der Lanze stand im Widerspruch zu dem um die Jahrhundertwende einsetzenden Umdenken beim Einsatz der Kavallerie. Es wurde zwar am Angriff mit der blanken Waffe festgehalten, doch gesellte sich dazu mehr und mehr der Kampf zu Fuß mit dem Karabiner. Durch diese Ausbildung im Fußgefecht sollte der Kavallerie größere Selbständigkeit und Unabhängigkeit von den anderen Waffengattungen gegeben werden. Auch zur Erfüllung besonderer Aufgaben mußte sie befähigt sein: dem Angriff auf Engen, Gehölzen, Gehöften, welche den Vormarsch hinderten. Auch gegnerische Marschkolonnen sollten durch plötzliche Feuerüberfälle behindert, abgelenkt und nach Möglichkeit zersplittert werden.

Lanzen wurden in Preußen zunächst nur von Ulanen und bis 1852 von der Landwehr-Kavallerie geführt. Auch bei bayerischen und österreichischen Ulanen und Reitern der Hansestädte waren sie in den Befreiungskriegen von 1813 bis 1815 Teil der Ausrüstung. Seit Sommer 1888 wurden einige Regimenter, am 1. Oktober 1888 die Kürassiere und gemäß A.K.O. vom 2. Juni 1889 alle Reiter-Regimenter mit ihnen ausgerüstet. In Preußen erhielten gemäß A.K.O. vom 13. März 1815 diese Lanzen schwarz-weiße Lanzenflaggen, deren weißer Teil an der Spitze war (A.K.O. vom 19. April 1816). Seit dem Februar 1891 führten Unteroffiziere ohne Portepee Lanzenflaggen mit einem schwarzen Adler. Entsprechend waren auch die Lanzenflaggen der anderen deutschen Kontingente des Heeres mit den Landesfarben für die Mannschaften und einem Wappen für die Unteroffiziere bedruckt.

Ursprünglich waren die Lanzen aus unbehandeltem Holz, wurden dann geschwärzt und ab 1890 aus geschwärztem Gußstahl hergestellt. Auch der Armriemen machte mehrere Wandlungen durch. Kürassiere hatten an ihren Lanzen einen weißen, alle übrigen Kavallerie-Regimenter einen braunen Armriemen.

Das Bild von Carl Röchling zeigt Kavalleristen im Drillichzeug vor ihren Stallungen, die den Stich mit der Lanze üben. Nur mit dem Arm und dem rechten Bein wurde Schwung geholt. Das rechte Knie sorgte bei Ausführung dieser Übung zu Pferde dafür, daß das Pferd nicht nach rechts zog. Im Hintergrund führen andere Kavalleristen Griffe mit der Lanze durch.

CRÖCHLING.

Tafel 28 MANNSCHAFTSKANTINE; DER NEUE GEFREITE

»Und wer's zu der Stufe erst hat gebracht,
Der steht auf der Leiter zur höchsten Macht.«

Hier illustriert Carl Röchling ein wichtiges Ereignis im Soldatenleben. Es findet in der Kantine des 4. Großherzoglich Hessischen Infanterie-Regiments (Prinz Carl) Nr. 118 statt - einem Truppenteil, der bereits auf den Tafeln Nr. 9, 12, 13, 16 und 29 dargestellt wurde. Ein Spielmann des Regiments - eben zum Gefreiten befördert - hat Kameraden seiner Korporalschaft, seinen Unteroffizier und zwei Handwerker (noch mit ihren Schürzen angetan) sowie natürlich seinen Feldwebel zu einem Umtrunk eingeladen. Bis auf den Feldwebel, mit Schirmmütze, tragen alle Personen die schirmlose Feldmütze und größtenteils Drillichzeug. Interessant ist, daß im Zusammenhang mit der am 7. April 1867 mit Preußen geschlossenen Militärkonvention das Großherzoglich Hessische wie auch das Großherzoglich Mecklenburgische Militär zwar nun zur Preußischen Armee gehörten, aber eigene Uniformelemente behielten. So wurde zwar von den Hessen an der Kopfbedeckung nur die Hessische Kokarde angelegt, doch die einem anderen Bundesstaate angehörenden Militärpersonen und Beamten legten zusätzlich die Kokarde ihres Heimatlandes – über der Hessischen – an. Preußische Offiziere trugen wiederum die Hessische Kokarde über ihrer Preußischen (s. auch den Text zu Tafel Nr. 12).

Der neue Gefreite führt als Dienstgradabzeichen bereits den weißmetallenen Wappenknopf an beiden Seiten des Waffenrock-Kragens. Die Prägung dieser Knöpfe ist in der deutschen Armee kontingentweise verschieden. Bei diesem Regiment handelte es sich um den stilisierten hessischen Löwen auf dem Wappenschild. Auf dem Mantel trugen Gefreite kein besonderes Rangabzeichen. Der Vizefeldwebel führt am Kragen und an den brandenburgischen Ärmelaufschlägen die Unteroffiziertressen sowie am Kragen ebenfalls einen Wappenknopf, allerdings mit größerem Durchmesser als der des Gefreiten. Die drei weißen Borten mit jeweils einem eingewebten roten Streifen über der gelben Ärmelpatte stellen eine Schießauszeichnung dar. Der Vizefeldwebel führte des weiteren den Infanterie-Offizierdegen 89 mit dem silbernen Portepee der Offiziere. Die Mütze zeichnet ebenfalls die Kokarde der Offiziere aus. Das Mannschaftskoppel schließt ein Koppelschloß aus Messing wie auch in den anderen Großherzoglich Hessischen Regimentern üblich, d.h. eine geprägte Krone ohne Inschrift. Seit dem Jahre 1889 führen die Feldwebel über die Unteroffiziertresse eine zweite Tresse und auf den Kragenpatten des Mantels eine zweite Borte.

Kantinen in den Kasernen waren damals meist an ehemalige Angehörige des jeweiligen Truppenteils verpachtet. Diese Pächter zahlten ihre Abgaben wie jeder andere Gewerbebetrieb auch und zusätzlich nach Verträgen mit der zuständigen Militärverwaltung in einen Kantinenfonds. Die Kantinengelder wurden bei Kompaniefesten oder anderen besonderen Anlässen, z.B. Stiftungstagen der Truppenteile, Geburtstage des Landesherrn, nach Vereidigungen usw., verbraucht. Schwer zu klären ist das Verhältnis der zur Bedienung abgestellten Soldaten zum Kantinenpächter. Die Truppe war an niedrigen Personalkosten interessiert, da dann der Kantinenfonds aufgebessert wurde. Die Soldaten verrichteten hier gern ihren Dienst und erhielten ein Gratisgetränk. Die Militärverwaltung hatte gegen dieses Verfahren Bedenken, sah jedoch meist darüber hinweg.

Für die Unteroffiziere und Feldwebel gab es eigene Kantinenräume, denen bei besser gestellten Truppenteilen auch Klubräume mit gelegentlich einem kleinen Buchbestand angeschlossen waren. Auch diesen Teil bewirtschaftete der Kantinenpächter. Gefreite, die Unteroffizierdienste leisteten, durften die Räume der Unteroffiziere mitbenutzen. Als Unteroffizierdiensttuer eingesetzt, hatten sie auch deren Befugnisse, jedoch nur für die Dauer und den Bereich der ihnen zugewiesenen Dienste. Gefreite als Korporalschaftsführer waren nur innerhalb der Korporalschaft Vorgesetzte. Als Stubenälteste hatten sie Vorgesetztenbefugnisse gegenüber den Stubenkameraden und waren selbst von Reinigungsdiensten befreit.

C. RÖCHLING

Tafel 29 LIEBESMAHL

»Der Herr Oberst spricht«

Die nachweislich schon in der Mitte des 19. Jahrhunderts übliche Bezeichnung »Liebesmahl« für ein gemeinsames Essen der Offiziere hat die verschiedensten Deutungen über seine Herkunft erfahren. Bemerkenswert ist die Tatsache, daß sich mit dem Begriff »Liebesmahl« zumeist eine gedankliche Verbindung mit einem Abschiedsmahl für einen ausscheidenden Offizier verbindet. Bei diesem abendlichen Essen mußten alle Kasinoberechtigten ihren Obolus entrichten. Frei war das Essen für den betreffenden Offizier, daher wohl »Liebesmahl« aus der Sicht des Geehrten. Bei manchen Regimentern galt diese Bezeichnung auch für ein festliches Essen, das zur Kontaktpflege mit anderen Truppen- oder Reserveoffizieren durchgeführt wurde. Auch an diesen Essen hatten alle Offiziere, Ärzte und Zahlmeister sowie nach Möglichkeit auch die »à la suite gestellten Offiziere« teilzunehmen. Das Essen war sicherlich auch hier für die Gäste frei.

Je nach Art seines Ausscheidens erhielt der Offizier ein mehr oder minder wertvolles Geschenk. Von geringerem Wert war das Geschenk bei Versetzung zu einem anderen Truppenteil und Kommandierung zu Lehrgängen mit dann folgender voraussehbarer Versetzung. Es gab in diesen Fällen ein Bild des Regimentsinhabers mit dessen Unterschrift oder der des Kommandeurs. Auch Regimentsgeschichten wurden besonders gern übergeben. Hier liegt vermutlich auch die Ursache dafür, daß jedes Regiment in dankenswerter Weise solche Werke zusammenstellen ließ. Vielfach übernahmen dazu besonders geeignete Offiziere diese Aufgaben. Bei ehrenvollem Ausscheiden aus dem Dienst, besonders aus Altersgründen, wurden wertvollere Erinnerungsgeschenke, auch Uhren oder Seitenwaffen mit eingravierten Widmungen, überreicht. Natürlich wurden Reden gehalten und Trinksprüche auf den Ausscheidenden, das Regiment oder den Obersten Kriegsherrn ausgebracht. Auch der Geehrte mußte eine Dankesrede halten, der manche mit banger Erwartung entgegensahen. Die meistens sehr markigen Reden boten besonders den respektlosen Leutnants Gelegenheit für ihren Spott.

Als die anfangs sehr einfach eingerichteten Regimentskasinos immer besser durch Kasinobeiträge, Stiftungen oder Geldern des Fiskus ausgestattet werden konnten, gab es in einer Reihe von Garnisonen eigene Häuser als Kasinogebäude mit Konzertpodium, Terrassen und bald auch angeschlossene Offizierbibliotheken, Billardräume usw. Besonders in einsam gelegenen Garnisonen wurde das Offizierkasino zum gesellschaftlichen Mittelpunkt, zum Zentrum der Weiterbildung und vor allem für ledige Offiziere zur Heimstatt.

Auf diesem Blatt dargestellt, spricht der Herr Oberst sicherlich Worte des Abschieds für den mit drei Rosen geschmückten Leutnant. Nach mündlichen Überlieferungen befand sich der Sitzplatz des ausscheidenden Offiziers stets neben dem des Kommandeurs. Danach sollen sich auch die Plätze der älteren Offiziere zwischen denen der Leutnante und Fähnriche befunden haben. Es war auch üblich, daß Einjährige hinzugezogen wurden.

Bei dem hier vorgestellten Offizierkorps handelt es sich wohl wieder um das des Großherzoglich Hessischen Infanterie-Regiments (Prinz Carl) Nr. 118.

CRÖCHLING

Tafel 30 AUF POSTEN

»Nischt vor ungut, Onkel«

In großen Garnisonen, besonders in denen mit Schlössern und Festungsanlagen, hatte der Wachdienst eine überragende Bedeutung. Täglich mußten so viele Unteroffiziere und Mannschaften als Wachen abgestellt werden, daß der eigentliche Ausbildungsbetrieb erheblich gestört wurde. Ausbildung und Wachdienst orientierten sich am wahrscheinlichen Kriegsbild und beide Zweige sollten der Vorbereitung auf den Ernstfall dienen. Jedoch gerade im Wachdienst hielten sich viele alte Zöpfe, die erst nach und nach verschwanden. Unteroffiziere sollten mindestens drei und Mannschaften vier wachfreie Nächte haben. Nach Einführung der zweijährigen Dienstzeit war diese Forderung vielerorts nicht zu erfüllen.

Als Vorbereitung für die Wache diente eine Belehrung über die Aufgaben, den Aufgabenbereich, das Verhalten auf der Wache und vor allem über die Pflichten des Postens. Die letzteren waren im Kriegsartikel 22 niedergeschrieben. Auch dieser Kriegsartikel blieb bis in die Gegenwart ohne Änderungen als »Allgemeine Postenanweisung« gültig: »Dem Wachtposten ist, wenn nicht ein anderes ausdrücklich bestimmt wird, verboten, sich ...«. In den nachfolgenden Jahrzehnten wurde er von unzähligen Soldaten und Polizeivollzugsbeamten auswendig gelernt. Die Strafen für Wachvergehen waren immer sehr streng. Die geringste Strafe dafür waren 14 Tage mittlerer Arrest, und bei Wachvergehen vor dem Feinde konnte auf Todesstrafe erkannt werden.

Die Wachposten der Fußtruppen hatten das Gewehr geschultert oder trugen es in abgelegenen Wachbereichen im waagerechten Anschlag in der Hüfte. Die Posten der Artillerie, der Kavallerie und des Trains trugen Säbel oder Seitengewehr in den verschränkten Armen. Auch der Dragoner auf dieser Tafel führt so den Säbel Modell 1852/79 mit sich. Des weiteren zeigt Carl Röchling hier ein Schilderhaus mit der weißschwarzen Bemalung für preußische Truppenteile. Das Dach und der Sockel dieses Typs waren rot. Im allgemeinen hatten die Schilderhäuser im Deutschen Reich den Anstrich in den Landesfarben der jeweiligen Kontingente. Nur die Truppen in den Reichslanden Elsaß-Lothringen, die Kaiserliche Marine einschließlich der Seebataillone und die Schutztruppen in den Kolonien besaßen Schilderhäuser mit einem schwarz-weiß-roten Anstrich.

Einen Dragoner hatte Carl Röchling nur noch auf der Tafel Nr. 4 abgebildet. Das Dragoner-Regiment, dem dieser Posten angehört, kann nun nicht bestimmt werden. Aufgrund der hellen Abzeichen ließe es sich dem Westfälischen Dragoner-Regiment Nr. 7 zuordnen. Dieses lag von seiner Errichtung im Jahre 1860 bis 1878 in Stendal und Tangermünde. Danach wurde es nach Saarbrücken verlegt. Die Uniform des Regiments hatte rosafarbene Abzeichen und gelbmetallene Knöpfe. Alle Dragoner besaßen weißes Lederzeug und trugen meist zur Parade schwarze Haarbüsche auf dem Helm. Ausnahmen bildeten die 1. und 2. Garde-Dragoner sowie die Dragoner-Regimenter Nr. 20, Nr. 21, Nr. 22 und Nr. 25 mit weißen Haarbüschen. Die Trompeterkorps aller Dragonerregimenter hoben sich mit roten Haarbüschen ab.

Noch einmal zu dieser Szene: Eigentlich war es unüblich, daß Betrunkene Wachen belästigten oder sich sogar in Wachgebäuden, Schilderhäusern bzw. nur in unmittelbarer Nähe der Wache niederließen. Wachen waren im Wachbereich örtlich und sachlich für jegliche Gefahrenabwehr zuständig. Der »Störer« wäre sofort von der Wache festgenommen und der Ortspolizei übergeben worden. Vielleicht handelt es sich hier um einen ehemaligen Dragoner, der »über den Zapfen gehauen hat« und noch mit einer gewissen Nachsicht behandelt wird.

Tafel 31 ULAN

Nach dem Vorbild der mit Lanzen bewaffneten tatarischen Reiter im Dienste polnischer Könige kamen Anfang des 18. Jahrhunderts auch in Deutschland wieder Lanzenreiter als leichte, sehr bewegliche Kavalleriegattung auf. In der preußischen Armee entstand erstmalig 1741 ein Ulanenregiment, das sich jedoch nicht bewährte. Daher wurde es in ein Husarenregiment umgewandelt. Die Bezeichnung »Ulan« verschwand bis 1808, als erneut Ulanenregimenter errichtet wurden. Sie gelangten vorwiegend zur Aufklärung, zeichneten sich aber auch in den Gefechten und Schlachten der Befreiungskriege von 1813 bis 1815 aus. Im Jahre 1819 erfolgte die Umwandlung dieser Ulanen zu einer schweren Kavalleriegattung als Verstärkung der Schlachtenkavallerie nach napoleonischem Vorbild. In dieser Zeit entwickelte sich auch die für diese Truppe typische Uniformierung nach polnischem Beispiel. Bis 1914 gab es in Deutschland 26 Ulanenregimenter, nämlich 19 preußische (darunter drei der Garde), drei sächsische, zwei württembergische und zwei bayerische Truppenteile. Das Linienregiment des von Carl Röchling abgebildeten preußischen Ulanen ist nicht zu bestimmen. Bei Martin Lezius ist der Ulan als Angehöriger des Ulanen-Regiments v. Katzler (Schlesisches) Nr. 2 koloriert dargestellt.

Für die Ulanen wurde der Tschapka mit seinem viereckigen Deckel ähnlich der polnischen Konfederatka charakteristisch. Anfangs sehr hoch, erhielt er 1867 seine dem Helm angepaßte niedrigere Form mit einem Kopfteil aus schwarzlackiertem Leder, der nur einen stark abgerundeten Vorderschirm, aber keinen Hinterschirm hatte. Der viereckige Deckel der Tschapka war nach vorn gerichtet. Der Tschapkazierat bestand aus dem Garde- oder Linienadler bzw. den kontingentweise verschiedenen anderen Emblemen in der Farbe der Uniformknöpfe. Gehalten wurde der Tschapka von gewölbten Schuppenketten aus Messing. An der linken Vorderseite war das Nationale aufgesteckt, das bei Paraden durch einen Haarbusch ersetzt wurde. Dessen Farbe war für die Mannschaften weiß, für die Unteroffiziere auch weiß, aber außen schwarz, und für Trompeter rot. Offiziere führten weiße Haarbüsche in Form eines Roßschweifes aus Büffelhaar, die an der Unterseite schwarz waren. An der rechten Spitze der Tschapka befand sich eine Fangschnur für die Mannschaften in weißleinener Kantschnur, für die Unteroffiziere mit schwarzen Einwirkungen und für die Offiziere silbern und mit schwarzer Seide durchwirkt. Der Tschapka wurde schief rechts aufgesetzt, wodurch der Träger ein gewollt seltsam keckes Aussehen erhielt. Obwohl derartige Tschapkas auch in anderen europäischen Armeen getragen wurden, nahmen sich Karikaturisten des Auslandes gern dieser Kavalleristen an. So entstand der Eindruck, daß die deutsche Kavallerie nur aus ihnen zu bestehen schien.

Der Waffenrock der Ulanen hieß »Ulanka« und läßt sich ebenfalls auf polnische Einflüsse zurückführen. Er bestand aus dunkelblauem Tuch mit vorn abgerundetem, dunkelblau vorgestoßenem Kragen und polnischen Aufschlägen in der Abzeichenfarbe. Die Ulanka war zweireihig mit schräg geschnittenem, oben geschweiftem Brustteil, schräg gestellten Schoßtaschenleisten. Des weiteren hatte sie Vorstöße in der Farbe der Abzeichen um den Vorderteil auf beiden Brustseiten, um die Schöße und an den Ärmel- und Rückennähten sowie Schoßtaschenleisten. Für die Parade wurde eine besondere Rabatte in der Farbe auch der Abzeichen vorn auf die Ulanka aufgeknöpft.

Tafel 32 DER »SILBERNE KESSELPAUKER« DER GARDE DU CORPS

Die am 23. Juni 1740 zunächst in Stärke einer Eskadron errichteten und nach und nach zum Regiment aufgewachsenen Garde du Corps erhielt schon am 14. Februar 1741 Kesselpauken. Diese 1806 in der Festung Spandau zur Verwahrung abgelegten Kesselpauken gingen bei der Besetzung der Festung durch die Franzosen verloren. Daher erhielt das Regiment 1810 die silbernen Kesselpauken des aufgelösten Kürassier-Regiments Nr. 12 (1806 v.Bünting). Im Jahre 1859 bekam das Regiment dazu als Geschenk der Königin Elisabeth (Gemahlin König Friedrich Wilhelms IV.) Paukenfahnen anstelle der 1804 von Königin Luise gestifteten Paukenbehänge. Die neuen Paukenfahnen waren weiß mit silberner Stickerei und Fransen. Sie zeigten im oberen Behang schwarze gekrönte heraldische preußische Adler und im unteren Teil die gekrönten Namenschiffren »FWR« und »E«.

Pauker und Trompeter des Regiments Garde du Corps trugen zur Parade den roten Haarbusch und seit dem 9. Juli 1890 den Adler auf dem Helm. Der Kesselpauker stand im Rang eines Vizewachtmeisters und führte daher die silbernen Kantillen an den Schwalbennestern, deren Balken wie bei der Kavallerie insgesamt schräg gestellt waren. Sein Backenbart war traditionell vorgeschrieben. Um die Jahrhundertwende diente der Vizewachtmeister Waldemar Gommelt als Kesselpauker in diesem Regiment. Er spielte bei Konzerten Violine und wohnte in Potsdam in der Straße Am Kanal 68. Eine ganze Reihe in- und ausländischer Auszeichnungen schmückte seine Brust. Die weiße Uniform mit den vielen silbernen Litzen und Metallteilen verliehen dem Kesselpauker ein etwas eintöniges Aussehen. Ein jeder Kesselpauker mußte für seine beiden Pauken die Hände frei haben. Daher wurden die ohnehin ausgesucht ruhigen Pferde mit den Füßen gelenkt und hatten eine sich von anderen Pferden unterscheidende Zäumung.

Die Pauken selbst sind uralte Instrumente und sogar bildlich in Deutschland aus dem Jahre 1509 überliefert. Abbildungen von württembergischen und bayerischen Paukern mit zwei Pauken zu Pferde und sehr langen Behängen, geschmückt mit Landeswappen oder kriegerischen Symbolen, gibt es aus dem frühen 17. Jahrhundert. Nach 1700 wurden sie in den Reiterregimentern meist von Afrikanern, damals »Mohren« genannt, geschlagen. Die Pauken bestanden aus annähernd halbkugelförmigen Kupferkesseln, die bei »reichen« und durch Stiftungen bedachten Regimentern versilbert und mit Emblemen oder geschichtlichen Darstellungen versehen waren. Am unteren Scheitelpunkt befand sich eine runde Öffnung, aus der die überschüssige Luft entweichen konnte, die durch das Niederdrücken des Felles beim Anschlag entstand. Das Fell war gleichmäßig dünn und auf einen Metallreifen gezogen, der den Kessel oben abschloß. Dieser Metallreifen wurde nochmals in einem Druckreifen gelagert. Mit dem über sechs Flügelschrauben am Kesselrand gespanntem Fell ließ sich die Tonhöhe durch Einwirkung auf den Druckreifen bestimmen.

Die Pauken, in der Regel in Quarten und Quinten gestimmt, wurden immer paarig geschlagen. Der Anschlag erfolgte mit zwei, etwa 30 cm langen Paukenschlegeln mit verschiedenen Köpfen aus Holz. Diese waren für einen weichen Klang mit Filz und für den harten Klang mit Flanell überzogen. Die Anschlagstelle lag eine Handbreit vom Fellrand. Die Schlegel wurden vom Kesselpauker häufig artistisch gedreht oder etwas in die Höhe geworfen. Standen mehrere Kavallerieregimenter nebeneinander oder waren ihre Trompeterkorps zu einem verbunden, bestand der Ehrgeiz aller Pauker natürlich darin, möglichst gleichmäßig ihre Instrumente zu schlagen.

Als Präsentiermarsch spielte das Regiment Garde du Corps den Präsentiermarsch von König Friedrich Wilhelm III. (AM III, 1a), zur Parade im Schritt den Marsch »Alter Marsch, genannt Zorndorfer« (AM III, 88), im Trab den »Trabmarsch des Regiments der Garde du Corps« (HM III, B, 7) und im Galopp den »Galoppmarsch« aus der Oper »Der Prophet« (HM III, B, 4).

Das Regiment Garde du Corps lag seit 1753 in Potsdam in Garnison. Im Jahre 1763 kamen Berlin und Charlottenburg hinzu; von 1889 bis 1918 war es Potsdam allein. Das Bild von Carl Röchling ist bei Martin Lezius koloriert wiedergegeben.

Tafel 33 FELDARTILLERIE IM FEUER

Im Gelände sollte ein Pferd der Artillerie nicht mehr als 350 kg Last ziehen müssen, damit das Geschütz nicht im schweren Boden liegenblieb. Diese Vorgabe der Taktiker bestimmte auch die Konstruktion der Kanone und der Protze. Die gezogenen Rohre des ausgehenden 19. Jahrhunderts wurden aus Hartbronze oder Gußstahl gefertigt. Kaliberlänge, Pulverart und -stärke blieben entscheidend für die Anfangsgeschwindigkeit, die Schußweite und die Treffsicherheit. Je länger jedoch das Rohr war, um so geringer mußte das Kaliber sein, um Gewicht zu sparen. Dadurch verminderte sich jedoch die Wirkung im Ziel. Die Konstrukteure hatten neben diesen Aufgaben natürlich auch die Tiefe der Züge und die Führung der Geschosse im Rohr, die Form der Granate und die Beschaffenheit des Mantels, die günstigste Art des Verschlusses und der Zündung zu berücksichtigen. Je schwerer das Geschütz, um so leichter mußte die Protze sein, die neben der Erstausstattung an Munition für das Gefecht noch möglichst die Artilleristen aufnehmen sollte. Entsprechend diesen militärisch-taktischen Forderungen wurden die Aufträge an die Industrie vergeben. Dabei zogen auch noch die finanziellen Rahmenbedingungen des Militäretats Grenzen.

Die Artillerie aller Heere des 19. Jahrhunderts hatte in wenigen Jahrzehnten größte Wandlungen erfahren. Mancher Leutnant, der mit Vorderlader-Geschützen noch auf kurze Entfernungen im direktem Schuß auf scheunentorgroße Ziele geschossen hatte, führte nun als Abteilungs- oder Regimentskommandeur Wirkungsschießen mit indirektem Schuß auf Ziele in 5 000 m Entfernung durch - und traf. Somit stiegen ständig die Anforderungen an die Artilleristen, besonders an die Offiziere. Vor allem die Kommandeure mußten lernen, das Feuer einzelner Geschütze in Batterien, Abteilungen und gar Regimentern zusammenzufassen. Der Gegner durfte sich auch in und hinter Wäldern, in Senken und Schluchten nicht mehr sicher fühlen. Es wurden die Grundlagen für das spätere Trommelfeuer und seine schreckliche Wirkung im Ersten Weltkrieg gelegt. Diese radikale Änderung aller bisherigen artilleristischen Verfahren setzte etwa gleichzeitig in allen Heeren ein.

Ab 1874 war im deutschen Reichsheer nach und nach das veraltete Material, das Geschütz C/64, durch das modernere Geschützmodell C/73 ersetzt worden. Als die reitende Artillerie dann das erleichterte 8,8 cm Rohr erhielt, wurde ihr neues Geschütz C 73/88 bezeichnet. Hierdurch kam es auch zu einer Vereinheitlichung des Kalibers. Diesen Geschützen folgten die Feldkanone 90 und dann die Geschütze mit Rohrrücklauf und Schutzschilden.

Die Granaten waren mit Pulver gefüllt und dienten als Sprenggeschosse. Auf nahe Entfernungen wurde mit Kartätschen (mit kleinen Kugeln gefüllte Büchsen) in Infanterie- und Kavallerieansammlungen geschossen. Für weiter entfernte Flächenziele verwendete man mit diesen Kugeln gefüllte Granaten. Diese nach einer in den Zünder eingegebenen Flugzeit detonierenden Geschosse hießen Schrapnells.

Auch die Soldaten dieses Bildes von Carl Röchling hat Martin Lezius kolorieren lassen – als Angehörige des 1. Pommerschen Feldartillerie-Regiments Nr. 2.

CRÖCHLING

Tafel 34 JÄGER-DOPPELPOSTEN

»Es lebe was auf Erden stolzirt in grüner Tracht!«

1848 und 1864 gegen Dänemark, 1866 gegen Österreich und 1870/1871 gegen Frankreich kämpften auch die Lübbener Jäger, wie die Angehörigen des Brandenburgischen Jäger-Bataillons Nr. 3 im Volksmund genannt wurden.

Die preußischen Jäger-Bataillone Nr. 1 bis Nr. 11 trugen den gleichen Waffenrock und unterschieden sich nur durch die Bataillonsnummer in arabischen Ziffern auf der roten Schulterklappe. Erst im Jahre 1897 erhielt das Jäger-Bataillon Nr. 11 einen Namenszug und 1901 das Jäger-Bataillon Nr. 10 das Ärmelband »Gibraltar«.

Carl Röchling hat den Doppelposten der Lübbener Jäger sicherlich deshalb so vorschriftswidrig gezeichnet, um Vorder- und Rückansicht deutlich zu zeigen. Nach der Felddienst-Ordnung waren alle Posten, »die nach dem Feinde zu beobachten (sind) so aufzustellen, daß sie möglichst einen guten Überblick haben und selbst der Sicht entzogen sind«. Der zeitlos gültige Grundsatz »Viel sehen, ohne gesehen zu werden« hatte bereits damals seine Bedeutung. Zu ihrer Verständigung sollten die beiden Leute eines Doppelpostens nahe beieinander stehen. Die Tafel ist bei Martin Lezius koloriert.

Deutlich läßt sich bei dem linken Posten der Tornister, bei den Jägern »Dachs« genannt, erkennen. Dieser »Dachs« bestand aus schwarzem Kalbfell, mit grauer Leinwand gefüttert. Zum Zuschnallen diente eine bis zum unteren Rand reichende Überfallklappe von rauhem Dachsfell (K.-M.-V. vom 16. Mai 1872). Auf den »Dachs« schnallten die Jäger ihr Kochgeschirr; darunter befestigten sie die hintere Patronentasche. Das Lederzeug aller Jäger sowie der ihnen vergleichbaren Schützen war schwarz. Der Tschako in der hier dargestellten Form wurde seit 1860 getragen; die Kokarde, auch Nationale genannt, wurde oben eingesteckt. Bei Paraden befand sich auf dem Tschako der Jäger ein schwarzer Haarbusch. Die Signal- und Waldhornisten, vergleichbar den Spielleuten und Hoboisten der Infanterieregimenter, besaßen rote Haarbüsche. Als Präsentiermarsch spielte das Jäger-Bataillon Nr. 3 den bereits vor 1800 von König Friedrich Wilhelm III. von Preußen komponierten Marsch »Aus der Jugendzeit« (AM I, 1a). Das Bataillon teilte sich diesen Marsch mit dem Garde-Jäger-Bataillon, dem Garde-Schützen-Bataillon, den Jäger-Bataillonen Nr. 2, Nr. 4, Nr. 9 und Nr. 10 sowie mit dem Großherzoglich Mecklenburgischen Jäger-Bataillon Nr. 14. Letzteres lag seit 1890 in Colmar im fernen Elsaß in Garnison. Das Jäger-Bataillon Nr. 3 hatte auch den Parademarsch mit anderen Jägertruppenteilen gemeinsam. Hier handelte es sich um jenen beliebten und weltweit bekannten Marsch »Der Jäger aus Kurpfalz« (AM II, 243), den Johann Gottfried Rode, Musikdirektor im Potsdamer Garde-Jäger-Bataillon von 1827 bis 1857, geschaffen hatte. Ihn spielten somit auch die Garde-Jäger, die Jäger-Bataillone Nr. 4, Nr. 7, Nr. 11 und Nr. 13 sowie noch das 1. und 2. Bayerische Jäger-Bataillon.

Gesungen wurde viel beim Militär. Besonders gern unterlegte man bekannten und beliebten Melodien neue Texte. Diese waren nicht immer geschmackvoll, meistens männlich derb und kaum für textempfindliche Ohren bestimmt. Hierzu eignete sich der »Jägerchor« aus dem den Zeitgeschmack treffenden »Freischütz« von Carl Maria von Weber besonders gut. Unter diese Tafel schrieb Carl Röchling jedoch zwei Zeilen des »Jägerliedes« von Wilhelm Müller (1794 – 1827) nach der Melodie von Konradin Kreutzer (1780 - 1849). Die weiteren Zeilen lauten:

»Die Wälder und die Felder,
die Jäger und die Jagd.
Wie lieblich ist's im Grünen,
wenn's helle Jagdhorn schallt,
wenn Hirsch' und Rehe springen,
wenn's blitzt und dampft und knallt.«

Dieses war auch das Trio im damals viel gespielten Galoppmarsch von Carl Schoeps (HM III B, 65).

Tafel 35 LANDWEHRMANN

»Wir können's noch«

Die Dienstzeit in der preußischen Armee dauerte zwei, bei der Kavallerie und bei der Reitenden Feldartillerie gar drei Jahre. Danach gehörten die Gedienten bis zum beginnenden 28. Lebensjahr der Reserve an. Im Anschluß an diese Zeit im stehenden Heer erfolgte der Übertritt zur Landwehr bis zum 39. und der zum Landsturm II bis zum 45. Lebensjahr.

Die Einrichtung der Landwehr in Preußen hatte nach dem Frieden von Tilsit 1807 Generalmajor von Scharnhorst veranlaßt. In den Befreiungskriegen 1813 und 1814 bestanden in Ostpreußen fünf, in Westpreußen, in Pommern und in der Neumark je drei, in der Kurmark sieben und in Schlesien sogar 17 Landwehr-Infanterie-Regimenter. Hinzu kamen noch 30 Landwehr-Kavallerie-Regimenter, nämlich fünf in Ostpreußen, je drei in Westpreußen und Pommern, zwei in der Neumark, sieben in der Kurmark und zehn in Schlesien. Das war der Stand Mitte August 1813.

Die Ausstattung mit Bekleidung, vor allem mit Schuhen, und die Ausrüstung und Bewaffnung bereiteten in dem ausgesogenen Preußen größte Schwiergkeiten. Hinzu kamen zu Anfang im Gefecht und auf den Märschen die fehlende Erfahrung und mangelhafte Disziplin. Dadurch wurden diese Landwehrleute zunächst noch nicht als vollwertige Soldaten bewertet. Mit den ersten Erfolgen über reguläre Truppen des Gegners änderte sich dies schnell. Beutestücke ergänzten die Ausrüstung und nahmen der Landwehr das buntscheckige und ärmliche Aussehen. Alles das steigerte das Selbstbewußtsein der Landwehrmänner. Sie hatten großen Anteil an den Schlachtenerfolgen des Jahres 1813 bei Großbeeren, an der Katzbach, Hagelberg, Dennewitz und Leipzig. Häufig wurde ihnen zugeschrieben, der eigentliche Träger des Freiheitsgedankens in Preußen gewesen zu sein.

Im Revolutionsjahr 1848 erwies sich die Landwehr für die Herrschenden vielerorts als unzuverlässig. Bei der Mobilmachung 1850 traten zudem erhebliche Mängel in der Ausbildung und bei der Ausrüstung in Erscheinung. Das war u.a. der Grund, eine umfangreiche Heeresreform durchzuführen. Nach mehrfachen organisatorischen Änderungen wurde am 22. November 1888 eine neue Heer- und Wehrordnung erlassen. Sie blieb im wesentlichen bis 1918 gültig. Nach dieser Ordnung begann die Wehrpflicht mit dem vollendeten 17. und dauerte bis zum beendeten 45. Lebensjahr. Sie gliederte sich in Dienst- und Landsturmpflicht.

Landwehrleute wurden für acht bis vierzehn Tage in der Vorerntezeit (Mai und Juni) zu den Übungen einberufen. Sie trugen dann meist von den Linientruppen abgelegte Uniformen mit vereinfachten Abzeichen. Das Landwehrkreuz an der Mütze, dem Helm oder Tschako kennzeichnete sie. Unter fähigen Vorgesetzten erzielten auch Landwehrregimenter gute Leistungen. Moralische Kraft schöpften sie vor allem aus der Gebundenheit an die engere Heimat, aus der sie, stärker noch als die Linientruppen, sich ergänzten. Militärisch ein Versager oder zum Gespött zu werden, sprach sich sofort in den Heimatorten herum. Diese Tatsache hat Carl Röchling sicherlich mit seiner zusätzlichen Unterschrift gemeint. Für seinen Band »Das Ehrenkleid des Soldaten« ließ Martin Lezius auch dieses Bild kolorieren.

CR

EINQUARTIERUNG

»Quartiermacher« hießen die Offiziere und Unteroffiziere, die ihren Truppenteilen und Einheiten vorausgeschickt wurden, um geeignete Unterkünfte in den für eine Einquartierung vorgesehenen Orten aufzuspüren. Fast alle Bürger rechneten es sich zur Ehre an, möglichst hohe Offiziere zu beherbergen. Ein Hindernis war jedoch meist die Unterbringung von deren Dienstpferden. Ab Kompaniechef war schon bei der Infanterie und bei den Jägern jeder Offizier beritten. Dazu kamen noch die Pferde der Adjutanten (s. Tafel Nr. 19). Vergleichbar waren auch die Verhältnisse bei den Pionieren und beim Train. Kavallerie und Artillerie mit ihrem hohen Pferde- und auch Wagenanteil suchten die Unterkunft auf Gutshöfen, Schlössern mit ihren oftmals sehr umfangreichen Stallungen oder in alten Klöstern, die meist noch über landwirtschaftliche Einrichtungen verfügten. Schon in den Kleinstädten fehlten häufig Stallungen und größere Schuppen. Angestrebt wurde die Unterbringung in Städten oder größeren Dörfern, um auch einmal ein wenig Abwechselung nach den Anstrengungen eines Manövers zu haben.

Die Einteilung als Quartiermacher war bei Anfängern noch nicht sehr beliebt. Allzugern wurden die zugewiesenen Unterkünfte als schlecht bezeichnet, wurde über Wassermangel oder fehlende Beleuchtung geklagt. Die Findigkeit vieler Feldwebel mit langer Erfahrung bei der Quartiermache war bewundernswert. Instinkt und Ortskenntnis führten sie untrüglich zu einem Wirt mit einer schönen Tochter und einem guten Tropfen. Rückte die Truppe in den Ort ein, waren das Tor oder die Tür mit Kreide für die vorgesehene Belegungsstärke für Mann und Pferd gekennzeichnet. Von der Truppe wurden dann dem Wirt Quartierscheine vorgelegt.

Der Bürger stellte für die bei ihm einquartierten Soldaten das Essen nach einem festgelegten Wert bereit. Die Unkosten bekam er anschließend vom Fiskus erstattet. In reichen Ortschaften wurde von der Truppe nur dann gekocht, wenn durch große Truppenmassen die Leistungskraft der Bewohner überfordert war (s. Tafel Nr. 45).

Auf dieser Tafel Carl Röchlings begrüßen drei Offiziere, wohl ein Hauptmann, ein Adjutant (an der Schärpe zu erkennen) und ein weiterer Offizier, ihre Wirtsfamilie. Über den Typ des Säbels der Offiziere, gebogen und in Stahlscheide so nur in Hessen geführt (Großherzogl. Ordre vom 12. September und A.K.O. vom 11. September 1884), läßt sich die Truppe als eines der Infanterie-Regimenter Nr. 116, Nr. 117 oder Nr. 118 eingrenzen. Das Infanterie-Regiment Kaiser Wilhelm (2. Großherzoglich Hessisches) Nr. 116 hatte seit 1868 als Standort Gießen. Dagegen lag das Infanterie-Leibregiment Großherzogin (3. Großherzoglich Hessisches) Nr. 117 ab 1872 in Mainz. Das Infanterie-Regiment Prinz Carl (4. Großherzoglich Hessisches) Nr. 118 ist bereits mehrfach dargestellt (s. Tafel Nr. 9, 12, 13, 16, 28 und 29 sowie 39).

Die Schärpe der Offiziere des Großherzoglich Hessischen Kontingents bestand aus einem silbernen, mit drei durchbrochenen roten Streifen durchwirktem Band. Sie hatte Quasten mit rot-silbernen Füllfransen und ein silbernes Feldbindenschloß mit dem gekrönten Großherzoglichen Namenszug »EL«. Entsprechend war auch die Schärpe der Adjutanten beschaffen. Auch im Portepee, den Epaulettentressen, den Achselstücken und im Säbelkoppel kehrten diese hessischen Farben wieder. Zu Paraden trugen die Angehörigen der Infanterie-Regimenter Nr. 116 und Nr. 117 seit 1898 bzw. 1883 schwarze Haarbüsche, ihre Spielleute und Hoboisten rote. Als eine Besonderheit führte die 9. Kompanie des Infanterie-Regiments Nr. 117 an ihren Helmen ein neusilbernes Pionierabzeichen in Gestalt von Anker, Beil und Kreuzhacke, weil sie am 1. Januar 1872 aus der am 1. Januar 1821 gebildeten hessischen Sappeurkompanie (später Pionierkompanie) in dem neu gebildeten Füsilier-Bataillon aufgestellt wurde. Alle Kompanien dieses Truppenteils trugen außerdem seit dem 10. Juni 1897 am Helm die zwei Auszeichnungsbänder mit den Jahreszahlen »1697« und »1897« zum 200jährigen Bestehen.

Tafel 37 ALLARM IM MANÖVER

»Wo brennt's denn?«

In Friedenszeiten waren viele Soldaten bei Bezug einer Ortsunterkunft im Glauben, das Manöver von einer eher angenehmen Seite kennenzulernen. Sie meinten, sich den Haustöchtern ihrer Quartierleute widmen oder zumindest die Wirtshäuser aufsuchen zu können. Gerade dort war besonders viel für jene los, die das Glück hatten, mit der Musik in einem Ort zu liegen. Die Hoboisten und Spielleute verstanden, für Stimmung unter den Kameraden und den meist männlichen Gästen zu sorgen. Durch den aufkommenden Frohsinn und den begleitenden Lärm wurde dann auch die Weiblichkeit angelockt, die sonst nur an den wenigen Tanzabenden des Jahres kam. Die »Bezahlung« der Musiker erfolgte mit Freibier. Dafür setzten sie die oft verstimmten Klaviere mit vorrückender Stunde argen Strapazen aus.

War laut Manöverplan kein Alarm angesetzt, griff schon einmal ein Kommandeur zum Mittel des Übungsalarms, um seine Männer aus den Wirtshäusern zu holen. Die armen Spielleute hatten es dann besonders schwer, waren sie doch die Ersten, die feldmarschmäßig ausgerüstet den Alarm durch Trommelschlag auslösen mußten.

»Alarm« bedeutete »schnellstes Antreten in voller Ausrüstung auf den Alarmplätzen oder den zur Besetzung zugewiesenen Punkten«. Er wurde im Tempo 124 durch Horn, Trompete oder Trommel ausgelöst. Auch »Feueralarm«, im Tempo 184 verkündet, diente schon einmal für Übungszwecke als Mittel zum Herbeiholen der Wirtshausgänger. In jedem Fall hatten die Kompanien an den vorgeschriebenen Appellplätzen mit voller Ausrüstung anzutreten. Nach Feststellung der Vollzähligkeit schloß sich meistens die gefürchtete Überprüfung der Ausrüstung an. Besonders bei dieser fehlte leicht ein Stück oder war in der Dunkelheit und Eile nicht an den richtigen Platz gelangt. Alarmierungen bei Mondschein waren noch verhältnismäßig leicht zu bewältigen. In den Quartieren jedoch herrschte völlige Dunkelheit, da elektrisches Licht damals die Ausnahme war. Petroleumlampen durften aus Sicherheitsgründen nicht angemacht werden. Deshalb war ein Übungsziel oft, die Truppe selbst bei völliger Dunkelheit schnell zu versammeln.

Der abgebildete Truppenteil ist nicht eindeutig zu bestimmen. Martin Lezius ließ für sein Werk »Das Ehrenkleid des Soldaten« die Tafel als 2. Oberschlesisches Infanterie-Regiment v.Winterfeldt Nr. 23 kolorieren und sogar die Regimentsnummer hinzufügen. Dafür (und für viele andere der ausgewählten Abbildungen seines Werkes) erhielt er 1936 von den Freunden der kulturhistorischen Zinnfigur in ihrer Monatsschrift eine sehr scharfe Kritik (Die Zinnfigur, Heft 12/1936, S. 221 ff.). Nach Auffassung der Schriftleitung handelte es sich um »ein süddeutsches Regiment in einem süddeutschen Dorf« (S. 224). Ohne Zweifel hätte sich Carl Röchling durch die Regimentsnummer auf den Schulterklappen auf ein bestimmtes Regiment festlegen können. Er wollte es wohl nicht – vielleicht, um es vielfach verwendbar anzubieten.

CRÖCHLING

Tafel 38 BEFEHLSAUSGABE IM MANÖVER

»Regimentsbefehl: Ein Specialfall giebt mir Veranlassung u.s.w.«

Auf dieser Tafel könnte der gleiche Ort wie auf der vorhergehenden dargestellt sein, jedoch weisen das weiße Koppelzeug und die Litzen sowie vor allem die hellen Achselklappen die Dienstgrade vom Gefreiten über den Einjährig-Freiwilligen bis zum Feldwebel als Angehörige des 1. oder 3. Garde-Regiments zu Fuß aus.

Nach 1890 orientierte sich das Manöverbild immer mehr an vorauszusehenden Lagen. Große Märsche wurden durchgeführt, auch bei hohen Temperaturen. Die Aufzeichnungen der Regimenter berichten von Hitzeschlägen, sogar mit tödlichem Ausgang, Marschkranken und Vorgesetzten, die die Gewehre ihrer Untergebenen trugen. Auch die Eisenbahn nahm einen immer größer werdenden Raum in der Planung, der Verlegung der Truppen und als Mittel zur Versorgung der Soldatenmassen ein. Aber auch Schiffe wurden zum Transport von Militär eingesetzt. Als im Jahre 1895 das Kaisermanöver mit dem II. und IX. Armeekorps in Pommern stattfand, wurde dazu das III. Bataillon des Füsilier-Regiments Nr. 86 über die Ostsee von Schleswig-Holstein nach Pommern befördert. Die stürmische Rückfahrt dauerte 17 Stunden länger als geplant. Die Seekrankheit, unter der viele Füsiliere litten, fand gar Eingang in die Regimentsgeschichte.

Ebenfalls sehr modern hatte sich das Kriegsbild beim Kaisermanöver des Jahres 1890 gezeigt. Das Manöver fand bei Düppel statt. Teile der Besatzungen von acht Panzerschiffen waren angelandet worden. Sie stürmten gemeinsam mit der 18. Division die Düppeler Höhen von Osten her und wurden dabei von im Nordteil der Insel aufgefahrener Feldartillerie und von See von der Schiffsartillerie unterstützt. Die Truppen wurden mit »Übersetzmaschinen« (Fähren) über den Sund gesetzt. Hier probten sie gemeinsam mit den Landungstruppen einen Umfassungsangriff auf die Stellungen bei Düppel.

Auf den Tafeln Nr. 12 und Nr. 13 hatte ein Kompaniefeldwebel seine Befehle gerade vom Kompaniechef empfangen. Tatsächlich war es in der Regel so, daß beide – auch im Beisein der Offiziere der Kompanie – die zu treffenden Maßnahmen durchsprachen. Kluge Kompaniechefs nahmen dabei gern Vorschläge ihrer gestandenen und oft mit den örtlichen Verhältnissen vertrauten Feldwebel an. Sie wurden dann gemeinsam formuliert und vom »Spieß« notiert. Letzterer rief danach – wie auf diesem Bild von Carl Röchling dargestellt – die wichtigsten Unteroffiziere und Unteroffizierdiensttuer zusammen und gab ihnen die Befehle des Chefs weiter. In einem Manöver wurden auch Befehle des Regimentskommandeurs dem Spieß der 1. oder Leibkompanie erteilt, der sie an die Kompaniefeldwebel übermittelte. Dadurch wurde gleichzeitig die hervorragende Stellung des Feldwebels der 1. Kompanie herausgestellt. Einsatz- und bedeutsame Befehle trugen die Offiziere dagegen bei Musterungen oder Appellen selbst vor.

C. Röchling

Tafel 39 CENTAURENKAMPF

Wahrscheinlich gab der rohe, halb tierische, voll Begierde nach Wein und Frauen, in Wäldern lebende thessalische Volksstamm der griechischen Sage seinen Namen für die »Reiterspiele«, die gern auf Übungsplätzen nach dem Tagesdienst abgehalten wurden. Paßte doch der in der Bildenden Kunst bis zum Nabel als muskulöser Mann und ab dort mit tierischen Unterkörper Dargestellte recht gut als Vorbild und Namensgeber für das rauhe Spiel erwachsener Männer.
Auf Übungsplätzen wurden zur Unterhaltung der Truppen alle Möglichkeiten ausgeschöpft. Doch alle gewichtigen und sperrigen Dinge blieben in der Garnison. Auch Bücher oder Schachspiele wurden nicht mitgenommen, schon um Gewicht bei den bevorstehenden anstrengenden Märschen zu sparen. Die Gepäckwagen der Kompanien boten mit ihrem beschränkten Raum ebenfalls keinen Platz für derartige »Luxusdinge«. Zwar wurden Kartenspiele mitgeführt, sie waren jedoch damals nicht bei allen Soldaten beliebt. Die Vorgesetzten wieder förderten alle Gemeinschaftsspiele, da sie auch der Festigung der Kameradschaft dienten.

Auch die Gegebenheiten des Übungsplatzes wurden zum Zeitvertreib genutzt. Flüsse und Seen boten häufig Gelegenheit zum Baden unter strenger Aufsicht, da der Anteil der Nichtschwimmer im Vergleich zu späteren Jahrzehnten noch sehr hoch war. Des weiteren nutzten die Vorgesetzten die kulturellen Möglichkeiten soweit es der Dienst und die Entfernung zuließen. Viele Rekruten konnten zum Beispiel zum ersten Mal in ihrem Leben mit der Schönheit und Bedeutung von Baudenkmalen bekannt gemacht werden. Dagegen blieben die Kantinen auf den Truppenübungsplätzen äußerst dürftig ausgestattet. Sie boten außer Getränken, Postkarten und dem aufkommenden Andenkenkitsch nur wenig Abwechslung.

Bei dem von Carl Röchling dargestellten Spiel riß so mancher Knopf ab und die schon sehr mürbe gewordene letzte Garnitur, die beim Felddienst getragen wurde, bekam zusätzlich Risse. Die Hauptsache war jedoch der Zeitvertreib für die Kämpfer und Kameraden. Letztere feuerten an und setzten oft für den, der am längsten auf der Schulter seines Untermannes aushielt, eine Zigarre oder ein Bier als Preis aus.

Hier sind die anfeuernden Kameraden vorschriftsmäßig mit Koppel, einteiligen Patronentaschen und Brotbeutel ausgestattet. Außerdem tragen sie noch das Seitengewehr M 71 mit ihrer farbigen Kompanietroddel. Zum blauen Uniformrock wurde im Garnison- oder Felddienst von den Unteroffizieren und Mannschaften zur Schonung der Tuchhose fast nur die in die Stiefel gesteckte weiße Drillichhose angezogen. Das Regiment, zu dem die Soldaten gehörten, kann auch hier nicht bestimmt werden. Da der Vorstoß an der Ärmelpatte fehlt, kann es sich wiederum um das 4. Großherzoglich Hessische Infanterie-Regiment (Prinz Carl) Nr. 118 handeln, das mehrfach in diesem Werk vorkommt (s. Tafel Nr. 9, 12, 13, 16, 28, 29 und 36).

C. RÖCHLING.

Tafel 40 IN DER SCHÜTZENLINIE

Die Bildung einer Schützenlinie wurde von der Truppe schon nach Abschluß der ersten Ausbildungsabschnitte immer wieder geübt. Sie mußte aus jeder Form der geschlossenen Ordnung nach allen Seiten stets schnell, mit größter Disziplin und Stille eingenommen werden. Dabei war Anschluß an die benachbarten Truppen zu suchen, um keine gefährlichen Frontlücken als Angriffspunkte für den Gegner entstehen zu lassen. Für das Tragen des Gewehrs beim Vorgehen, dem Schwärmen, gab es keine Vorschrift. Möglichst bequem wurde es in der Schwerpunktlage mit der Mündung nach oben getragen. Der Schütze sollte schnell feuerbereit sein, deshalb war es geladen und entsichert.

Von jedem Soldaten in der Feuerlinie wurde äußerste Konzentration verlangt. Die Kommandos folgten meistens sehr schnell aufeinander. Sie konnten die Feuerarten, Richtungspunkte oder Bewegungen der verschiedensten Formen bedeuten. Durch den Lärm des eigenen und gegnerischen Infanterie- und Artilleriefeuers, dem Donnern der Hufe der vorgehenden Kavallerie herrschte ein Höllenkrach, der Befehlswiederholungen durch die Schützenlinie erforderte.

Als Schwerpunkt der Ausbildung galt die Durchführung von geordneten Bewegungen der Schützenlinie auf langen Strecken und in durchschnittenem Gelände unter Einhalten der Marschrichtung. Besondere Sorgfalt war bei Vorwärtsbewegungen in seenreichen Gebieten und im Gebirge erforderlich. Die Gefahr, in Hinterhalte zu geraten und Verbindungen zum Nachbarn abreißen zu lassen, bestand gerade bei ungeübten Truppen. Beim plötzlichen Abbrechen der Vorwärtsbewegung, beim Übergang zum Feuergefecht im Knieen oder Liegen sowie besonders beim unvermutet eintretenden Rückzug waren die Offiziere und Unteroffiziere stark gefordert. Dann mußte man sich unter Vermeidung von Verlusten vom Gegner lösen, geeignete Stellungen suchen und Aufnahmestellungen bilden können. Auch die Vermischung von Verbänden sollte verhindert werden, denn im Ernstfall führten Zusammenballungen zu erhöhten Verlusten und rissen Lücken in die Front. Die Erziehung ihrer Truppe zu einem taktisch wendigen und richtigen Verhalten in der geöffneten Ordnung blieb die vorrangigste Aufgabe für alle Vorgesetzten vom Kompanieführer an aufwärts.

Der im Bild gezeigte, in der Schützenlinie stehende Offizier mit dem gezogenen Degen M 89 ist leider ein typisches Bild aus Übungen und Manövern jener Zeit. Es wiederholte sich aus Gewohnheit später zu Beginn des Ersten Weltkrieges und führte zu unnötig hohen Offizierverlusten. Für die Truppe wäre hier ein Vorziehen der Einheit zur Buschreihe im Mittelteil taktisch richtiger und verlustsparender gewesen.

Der Offizier trug im Felde einen Offiziertornister, der kleiner als der der Unteroffiziere und Mannschaften war und dessen Lederklappe unten gehakt wurde. In Preußen waren Tornister für Offiziere am 20. August 1809 eingeführt worden. Die Klappe, häufig mit Seehundfell bezogen, reichte bis etwa zur Hälfte und wurde mit drei Riemen geschlossen. Später zog sich der Deckel bis zum unteren Rand. Im Felde schnallten die Offiziere ihren Mantel wie die Unteroffiziere und Mannschaften um die drei Seiten des Tornisters. Berittene Offiziere trugen keinen Tornister.

Im Tornister der Unteroffiziere und Mannschaften befanden sich: ein Paar Schuhe, eine Fleischbüchse, eine Gemüsekonservenrolle, Putzzeug, Nähzeug, Fett- und Auftragbüchsen, Reis- und Salzbeutel, drei Kaffeebüchsen, drei eiserne Portionen (Fleisch, Gemüse, Kaffee, Salz, Reis, Zwieback), die Mütze, der Wäschebeutel mit zwei Paar Strümpfen oder Fußlappen, das Sold- und Gesangbuch, ein Löffel und im Winter die Unterhose. In die Patronenbehälter am Tornister und in seinem Innern kamen je 30 Patronen hinzu.

Zu Paraden wurde der Tornister nach der Bekleidungs-Ordnung vom 28. Mai 1869 nicht mehr getragen. Schon vor dieser Zeit gemachte Fotos zeigen Offiziere selten mit Tornister - dem von ihnen nicht sehr geschätzten Ausrüstungsstück. Seit dem 23. August 1888 entfiel er auch für die Kompanieführer (ältester Zugführer; konnte bei Erkundungen beritten sein).

Die auch hier mit dem Gewehr M 88 ausgerüsteten Infanteristen können keinem bestimmten preußischen Regiment zugeordnet werden.

CR

Tafel 41 FESTTAGSWACHE IN KARLSRUHE

Im letzten Jahrzehnt des 19. Jahrhunderts lagen in der Haupt- und Residenzstadt des Großherzogtums Baden die 5. Armee-Inspektion, das Generalkommando des XIV. Armeekorps, die Stäbe der 28. Division, der 55. Infanterie-Brigade, der 28. Kavallerie-Brigade und der 14. Feldartillerie-Brigade (ab 1899 auch als 28. Feldartillerie-Brigade bezeichnet) sowie das 1. Badische Leib-Grenadier-Regiment Nr. 109, das 1. Badische Leib-Dragoner-Regiment Nr. 20 und das 1. Badische Feldartillerie-Regiment Nr. 14. Im Jahre 1899 kam noch das 3. Badische Feldartillerie-Regiment Nr. 50 hinzu. Darüber hinaus gab es in Karlsruhe verschiedene zum Generalkommando gehörende Dienststellen. Einschließlich der großen Garnison hatte die Stadt 1890 insgesamt 73 684 Einwohner. Karlsruhe selbst trug mit seinen radienförmig vom Schloß ausgehenden Straßen den Charakter von Regelmäßigkeit und wies eine Eleganz auf, die sie zu einer der beliebtesten Garnisonen des Deutschen Reiches machte. Große Kasernen lagen im Hardtwald und in der Gottesaue in Stadtnähe.

Carl Röchling zeichnete auf dieser Tafel Grenadiere der 1. Kompanie des 1. Badischen Leib-Grenadier-Regiments Nr. 109 vor dem Wachlokal im westlichen Flügel des Schlosses Karlsruhe. Der Grundstein der beeindruckenden Anlage wurde 1715 gelegt, aber erst 1781 erfolgte ihre Fertigstellung nach Plänen des Baumeisters Balthasar Neumann (1687 - 1753).

Das Regiment trug nur an besonderen Festtagen die dargestellte Paradeuniform, die so sehr der des preußischen 1. Garde-Regiments zu Fuß ähnelte. Erst bei näherem Hinsehen fallen die Unterschiede ins Auge: Auf dem Helm war der weiße badische Greif mit dem badischen Wappen ein solcher. Dieser Greif hatte breitere Flügel als der der anderen badischen Infanterieregimenter und auf der Brust den neusilbernen, für die Offiziere versilberten und emaillierten Stern des Badischen Hausordens der Treue. Zur Parade wurden seit 1856 weiße, vom III. Bataillon schwarze und für alle Hoboisten und Spielleute rote Haarbüsche aufgesteckt. Der Waffenrock hatte weiße metallene Knöpfe und einen eckigen Kragen mit weißen, rot gespiegelten Doppellitzen. Nur für die Unteroffiziere gab es einfache Litzen, da ihre silberne und gemusterte Tresse den darüber vorhandenen Raum beanspruchte.

Bei den Offizieruniformen waren die Halbmonde der Epauletten silbern und die Felder aus Silberstoff. Das Schärpen- und Feldbindenband sowie der Lederriemen des Portepees zierte ein schmaler roter Mittelstreifen, das Feldbindenschloß der gekrönte Kaiserliche Namenszug. Anstelle eines Degens trugen die Offiziere den badischen Säbel mit versilbertem Bügelgriff und Badischem Gardestern. Die Silbertresse des Trageriemens am Säbelkoppel hatte einen gold-rot-goldenen Mittelstreifen, die Schnallen waren oval und versilbert. In ihrer Paradeüberlegdecke führten die berittenen Offiziere den silbernen Stern des Badischen Hausordens der Treue.

Einen bei deutschen Truppen eher seltenen, weil farbenprächtigen Anblick boten die Tamboure mit ihren Tambourstöcken mit silbernen Beschlägen. Zum Paradeanzug trugen die Tamboure breite Bandoliere mit silbernen Borten und Verzierungen auf roter Tuchunterlage. Ungewöhnlich bei diesem angesehenen badischen Regiment war auch, daß es als Präsentiermarsch den preußischen »Regimentsmarsch des Regiments Bonin bzw. Kalckstein Nr. 5 (1806)«, bekannter noch als »Der Rheinströmer» (AM I, 68) spielte. Dagegen verwendete es als Parademarsch einen badischen, nämlich »Hoch Großherzog Friedrich« von Adolf Boettge (1848 – 1913). Dieser diente von 1871 bis 1912 im Regiment und schied als Musikdirektor aus.

Carl Röchling brachte wie andere Maler damals oft interessante Details - so hier die ungewöhnlichen Gewehrständer.

C. RÖCHLING.

Tafel 42 PONTONBRÜCKE

»Nich schunkeln, Willem«

Im Kriege 1864 stellte das damals noch in Torgau in Garnison liegende Brandenburgische Pionier-Bataillon Nr. 3 bei Arnis über die Schlei in zweieinhalb Stunden eine Brücke her. Sie war 241 m lang und bestand aus einem Bock und 49 Pontons. Im Jahre 1866 überbrückten bayerische Pioniere innerhalb von 19 Tagen vierzehnmal den Main. Diese Leistungen waren nur durch ständige Übungen sowie durch hervorragend ausgebildete, von ihrer Aufgabe überzeugte Pioniere zu erreichen.

Der alte Fehler früherer Feldzüge, Pioniere am Ende der Marschsäulen marschieren zu lassen, sie bei Bedarf durch die Kolonnen zu lotsen und sie dann durch große Marschleistungen wieder den Anschluß finden zu lassen, wurde jetzt vermieden. Ständig wurden im Frieden Brückenschläge geübt und das Brückengerät einschließlich der Fahrzeuge sowie jenes darauf zu transportierenden Geräts verbessert. In den Ausbildungs- und Einsatzprinzipien dominierte immer mehr das Bestreben, den sogenannten Einheitspionier zu schaffen, der hauptsächlich die Schanzarbeiten sowie den Brücken- und Straßenbau zu bewältigen hatte.

Für einen Brückenschlag waren nicht nur die Uferformation, die Breite und die Fließgeschwindigkeit des Gewässers maßgebend, sondern auch die Annäherungswege, Sicherungsstellungen, Abladestellen für Pontons und Deckungstruppen zu erkunden und einzuplanen. Pionieroffiziere waren um ihre Aufgabenvielfalt nicht zu beneiden. Trotzdem blieb in der damaligen Gesellschaft das Ansehen des Pionieroffizierkorps nicht so hoch wie das der Infanterie, von dem der Kavallerie gar nicht erst zu reden.

»Brückenequipagen« gab es bei den Armeekorps und bei den Infanteriedivisionen, abgestellt vom Pionierbataillon des Korps. Die Ausstattung der Divisions- und Korpsbrückentrains wechselte zwischen 1875 und 1914 mehrfach. Der Divisionsbrückentrain wurde 1892 vierspännig gefahren. Mit ihm konnten sechs Strecken zu stets 40 m als Kolonnenbrücke oder 20 m als schwere Kolonnenbrücke in einer Bauzeit von einer Stunde errichtet werden. Mit dem sechsspännigen Korpsbrückentrain ließ sich eine Brückenlänge von 130 m als Kolonnenbrücke oder eine schwere Kolonnenbrücke von 75 m in etwa drei Stunden errichten. Die Pontons bestanden aus Kupfer- oder verzinktem Eisenblech, später verwandte man nur noch Stahlblech. Die Tragfähigkeit betrug mindestens 3,5 Tonnen. Die deutschen Pontons waren 7,5 m lang, 1,5 m breit und 0,81 m hoch. Ihr Gewicht betrug 450 Kilogramm. Der Schandeck, der obere Rand, war aus Eichenholz. Bei Ausbruch des Ersten Weltkrieges verfügten die deutschen Armeen über 26 Korps- und 79 Divisionsbrückentrains.

Auf diesem Bild überschreitet Infanterie eine Pontonbrücke. Immer zwei Pionieren besetzen einen Ponton, um mit einem Ruder oder einer langen Stange diesen an der vorgesehenen Stelle zu halten. Nach Oberstrom waren mehrere Anker ausgebracht. Die Leine am dritten Ponton von rechts ist die Ankerleine. Im unteren Innenteil des Pontons, auch als »Fisch« bezeichnet, befanden sich zwei Mastspuren, welche die senkrechten Geländerstangen aufnahmen, die dann mit einer dünnen Leine verbunden wurden. Hierdurch entstand eine Art Geländer. Die Balken waren in der Länge geschnürt und mit dem Rödelholz als Knebel gespannt. Im Jahre 1892 wurde eine schraubbare Rödelung zur Befestigung der Brückendecke eingeführt.

Auch diese Abbildung Carl Röchlings nahm Martin Lezius in sein Werk »Das Ehrenkleid des Soldaten« auf. Die Soldaten wurden wiederum willkürlich, weil im Original nicht zu bestimmen, als Angehörige des Pionier-Bataillons von Rauch (Brandenburgisches) Nr. 3 und des Infanterie-Regiments Graf Tauentzien von Wittenberg (3. Brandenburgisches) Nr. 20 farbig gezeigt.

CRöchling.

Tafel 43 »FIGARO IM BIWAK«

Das Biwak als eine Form des Lagers wurde in der Nähe eines Feindes bezogen, wenn die Möglichkeit bestand, in ein Gefecht verwickelt zu werden. Demzufolge vollzog sich das Biwakieren in der Ordre de Bataille. Trotzdem achteten die Truppenführer bei der Wahl des Platzes auch noch auf Schutz gegen Wind und Feuchtigkeit, gutes Wasser, Tränken, Verkehrswege usw. Ein zeitgenössischer Plan um 1896 zeigt das Biwak eines Infanteriebataillons.

Auf diesem und dem folgenden Bild Carl Röchlings zeigt sich das Lagerleben der Soldaten während eines Manövers in jener Zeit als sehr beschaulich. Es ist Ruhezeit. Die Offiziere lassen es sich durch ihre Soldaten bequem machen. Hier wirkt einer als Figaro, als Friseur.

Unter den Wehrpflichtigen befanden sich Angehörige der verschiedensten Berufe. Pioniere nahmen Gesellen aus Bauberufen auf. Zu Artilleristen wurden gern Gesellen der technischen Zweige, aber auch Stellmacher und Schmiede, zum Reparieren der Geschütze, Protzen und Wagen, genommen. Alle Waffengattungen wiederum holten Sattler, Schuster und Schneider in ihre Reihen.

Weit verbreitet war in früheren Jahrzehnten der Beruf des Friseurs oder Barbiers. Mit dem Messer den Bart zu rasieren, war nicht jeden Mannes beliebte Tätigkeit. Ausgesprochen unangenehm war die Rasur im Felde. Selten stand heißes Wasser zur Verfügung. Kochkessel und -geschirre wurden zur Essenzubereitung benötigt. Heißes Wasser diente in erster Linie zum Abwaschen. Offiziere legten sich gern kleine Petroleum- oder Spirituskocher zu, wie sie den Goldschmieden, Uhrmachern und Feinmechanikern zum Erhitzen von Metallen dienten. Die tägliche Rasur sollten die Offizierburschen, wozu man oft Friseure auswählte, ausführen. Diese waren im Umgang mit »höheren Personen« geübte Leute, durch ständigen Verkehr mit Publikum redegewandt und vielseitig. Ihr Einsatz bei gesellschaftlichen Ereignissen im Hause ihres Offiziers verhinderte Pannen aller Art. Von Nachteil war gelegentlich eine fehlende Härte gegen die eigene Person und die mangelnde Kraft im Sport und im körperlich anstrengenden Dienstbetrieb.

Unter einer hochgeklappten Plane, die so zu einer Art Vorzelt wurde, rasiert ein Bursche seinen Hauptmann. Leider ist das Regiment nicht zu bestimmen. Der Offizier führt die Achselstücke mit zwei Dienstgradsternen ober- und unterhalb der Regimentsnummer gemäß der A.K.O. vom 12. Juli 1888. Die Achselstücke bestanden aus silberner Plattschnur und waren mit Seidenfäden in der Landesfarbe durchzogen. Unter den

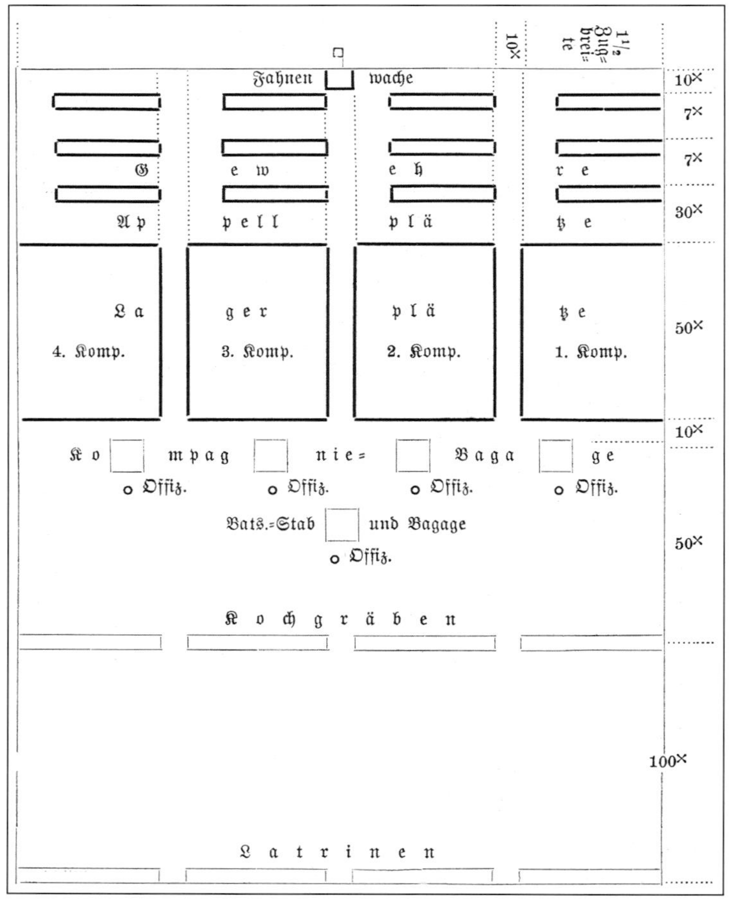

Biwak eines Bataillons um 1896.

Achselstücken befinden sich sogenannte Passanten zum Durchschieben der Epauletten. Bei den Offizieren war der Schulterknopf im Unterschied zu denen der Unteroffiziere und Mannschaften nie mit der Kompanienummer versehen. Im Zelteingang steht ein Leutnant, der sichtlich belustigt die Szene betrachtet. Das Rasierzeug ist auf einer Kiste abgelegt wie sie zur Aufbewahrung von Dienstunterlagen und -bedarf der Kompanie benutzt wurde. Sie wurde immer auf dem Kompaniewagen mitgeführt.

Tafel 44 DINER IM BIWAK

»Der Kerl kann Alles«

Auf dem Bilde kehren der frisch rasierte Hauptmann und sein »Figaro« wieder (s. die vorherige Tafel Nr. 43). Auch der fesche Leutnant ist noch einmal vertreten. Der hier eine Weinflasche öffnende Soldat war ebenfalls auf der vorhergehenden Tafel vertreten. Der Leutnant drückt mit den Fingern seiner linken Hand sein Lob für das zubereitete Mahl aus. Ein anderer Leutnant scheint mit dem erhobenen Glase ebenfalls seine Anerkennung zu zeigen. Geprägt wird aber die Szene durch den Hauptmann, dessen Uniform schon etwas auf dem Körper spannt. Das volle, durchblutete Gesicht widerspiegelt Stolz auf den Burschen und sicherlich auch auf seine Kompanie. Anerkennend sagt er: »Der Kerl kann Alles«. Etwas brummig wirkt nur der Offizier, der mit dem Rücken zum Betrachter sitzt. Für ihn scheinen diese Fertigkeiten der Leute selbstverständlich zu sein.

Das 19. Jahrhundert kann als das der Erfindungen bezeichnet werden. Unzählige Anträge auf Patentierungen gelangten an das Patentamt Berlin, und von 1877 bis Ende 1894 wurden 79 620 Patente erteilt. Viele Dinge des täglichen Gebrauchs befanden sich darunter, so klappbare Tische und Stühle für die Verwendung im Feld. Das Militär aller Staaten legte Wert auf einfache Handhabung, geringes Gewicht und platzsparende Unterbringung. Verbessert wurde ständig, denn drohend stand über allem das Gespenst der Verlängerung der Marschkolonnen. Entsprechend ist das einfache Mobiliar konstruiert. Es hat zu Recht die Zeiten überdauert.

Interessant auf dem Bilde ist die Fahne in den schwarzweißen Farben Preußens, eine Darstellung, die so selten vorkommt. Im Hintergrund ist die Kompanie an den Kochlöchern zu sehen. Mit interessiertem Blick und rauchender Pfeife schlendert ein Spielmann vorbei. Was mag er über die Weinflaschen und die kleine Schnapsflasche auf dem Klapptisch denken? Vier Spielleute gab es in jeder Kompanie: je zwei Trommler und Hornisten. Sie mußten mindestens ein Jahr mit der Waffe gedient haben, wurden zu jedem Dienst mit ihr herangezogen und hatten den Rang vor den Gemeinen.

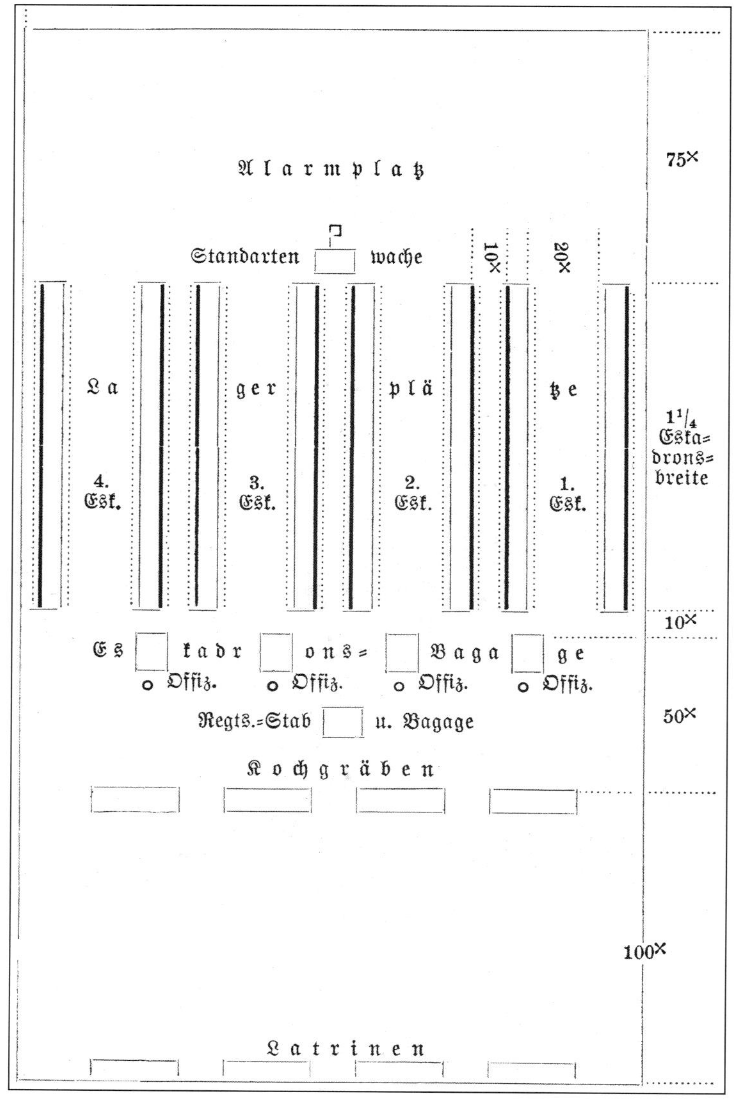

Biwak eines Kavallerieregiments um 1896.

C. RÖCHLING

Tafel 45 ABKOCHEN

»Da noch'n bisken Salz rin«

Die Verpflegung in Baracken- und Zeltlagern sowie Biwaks, vor allem aber auf Märschen, war durch das Fehlen fahrbarer Feldküchen noch immer unbefriedigend. Brauchbare Modelle gab es schon 1814 in Süddeutschland, jedoch wurden sie erst ab 1908 in größeren Stückzahlen im Heer eingeführt. Eine frühere Verwendung scheiterte u.a. an der Furcht vor einer Verlängerung der Marschkolonne des Regiments, das je eine Feldküche und zwei Pferde für die zwölf Kompanien zusätzlich benötigte, wodurch seine Marschlänge um einige hundert Meter anwuchs. Sehr früh erhielten die Feldküchen die Bezeichnung »Gulaschkanone«.

Auf seiner Zeichnung zeigt Carl Röchling die bis 1908 gebräuchliche Art von Kochlöchern. Der »Leitfaden für den Unterricht der Infanterie im Feld-Pionier-Dienst« von 1881 besagte im Paragraphen 74: »Die einfachste Art besteht aus Gräben in der Windrichtung von etwa 1 Fußlänge oberer Breite und gleicher Tiefe; Länge in der Regel für einen Zug. Die Kochgeschirre hängen zu zweien nebeneinander.« Diese Vorschrift wies aber auch daraufhin, daß die Kochlöcher viel Brennmaterial, Mannschaften und Zeit zur Zubereitung der Speisen erfordern. Weiterhin wurde die später kaum zu realisierende Möglichkeit aufgezeigt, in Lagern »daher zweckmäßig kleine eiserne Kocherde oder Kessel aus benachbarten Ortschaften zu beschaffen suchen ...«. Empfohlen wurde eine andere Art von Kochlöchern. Diese war zwar für die Mannschaft bequemer, erforderte aber doch viele Arbeitskräfte. Die Einschnitte für die Feuerung lagen in der Windrichtung und waren nur so groß zu machen, daß die Kochgeschirre für eine Korporalschaft (sechs bis acht Mann) darüber hängen konnten. Der tiefere, durchgehende Graben sollte den Mannschaften die Handhabungen beim Kochen erleichtern.

Frischverpflegung wurde regelmäßig vor Ort oder noch von den bekannten Lieferanten in der Garnison eingekauft. Wurden Truppen verlegt, zum Beispiel zu Kaisermanövern in die anderen Provinzen, erfolgte die Zuführung aus Magazinen mit der Eisenbahn bzw. durch das Trainbataillon des Armeekorps.

Im Kriege 1870/1871 wurden erstmals Konserven und lange haltbare Dauerwürste entwickelt. Erste Erfahrungen wurden laufend vervollkommnet. Auch die Kaiserliche Marine und die Schutztruppen in den Kolonien lieferten ihre gemachten Erfahrungen unter Extrembedingungen an die Heeresverwaltung. Nutznießer dieser Weiterentwicklung unter militärischen Gesichtspunkten wurde auch der zivile Bereich. Die Hausfrauen lernten schnell, in welchen Blechdosen die Konserve lange haltbar blieb.

Die auf der Bildtafel dargestellten Soldaten - die dritte Figur von rechts ist ein Gefreiter - tragen eine lose Achselklappe, wodurch ihr Regiment nicht festzustellen ist. Ihr Gepäck haben sie abgelegt. Es wurde häufig im Biwak im Halbkreis als Beschwerung der Matten oder Büschel (aus Zweigen) benutzt, die als Windschutz dienten.

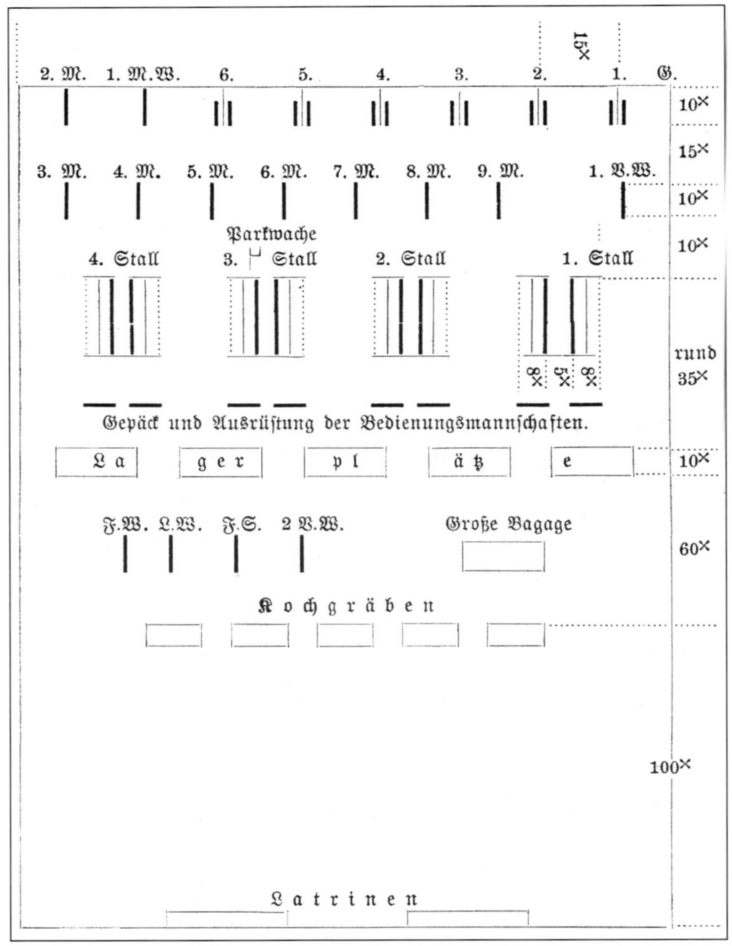

Biwak einer fahrenden Batterie um 1896.

In den Zeltlagern und Biwaks erhielten die Soldaten außer ihrer Brotration (750 g täglich) die sogenannte große Beköstigungsportion: 15 g Kaffee in gebrannten Bohnen, 250 g rohes Fleisch nebst 60 g Fett oder 200 g Fleischkonserven oder geräucherten Speck, dann 250 g Hülsenfrüchte (Erbsen, Bohnen oder Linsen) oder andere ähnliche Lebensmittel in vergleichbarer Menge sowie 25 g Salz.

Carl Röchling.

Tafel 46 AM BIWAKFEUER

»Er denkt an sie !«

Militärische Lager unter freiem Himmel legten die Kommandeure möglichst in die Nähe von gutem Wasser, in Anlehnung an Wälder, um einen Schutz vor Wind und Wetter zu haben, und an Straßen zur besseren Zuführung von Material. Im Biwak gab es keine Baracken und auf das Aufstellen der Zelte wurde meist verzichtet. Dafür errichteten die Soldaten ihren Windschutz aus Zweigen und von Stroh oder Abdeckungen mit Brettern und Laub. Auch Biwakhütten wurden aus Stangen und Stroh gebaut. Ein Bataillon benötigte für seinen Biwakplatz eine Fläche von etwa 200 m Breite und 400 m Tiefe. Ein Viertel der Tiefe war laut Vorschrift als Abstand von den Kochlöchern bis zu den Latrinen vorgeschrieben. Die Pläne für ein Biwak der Infanterie, Kavallerie und Artillerie sind bei den Tafeln Nr. 43, 44 und 45 wiedergegeben.

Der Aufenthalt im Biwak war wenig beliebt. Offiziere, Unteroffiziere und Mannschaften zogen selbst die schlechteste Ortsunterkunft vor. Wurde in Orten auf Plätzen oder Wiesen kampiert, so wurde diese Art als »Ortsbiwak« bezeichnet. Aus den Kämpfen des Deutsch-Französischen Krieges 1870/1871 mit den häufigen Überfällen durch »Franktireurs« wußte man, daß Ortsbiwaks vielfach nur unrealistisch die Wirklichkeit widerspiegelten. Diese Möglichkeit des Lagerns mußte immer wieder geübt und dabei der Infanterist abgehärtet werden. An kalten Abenden kam auch der sonst oft gerollt am Tornister mitgeführte Mantel zu seinem eigentlichen Zweck zum Einsatz – die Soldaten zogen ihn über. Im Frieden wurde abends ein größeres Feuer entzündet, welches man im Krieg häufig nur zur Täuschung der feindlichen aufklärenden Kavallerie gebrauchte.

Ein Biwakplatz mußte trockenen Untergrund haben. Auch ohne pioniermäßige Arbeiten sollte er nach Möglichkeit Schutz vor Wind und Wetter bieten. Wiesen, die zunächst völlig trocken schienen, entwickelten in der Nacht stets Feuchtigkeit und Nebel. Eine auf feuchtem Boden zugebrachte Nacht konnte mehr Ausfälle verursachen als ein Gefecht. Erschwerend kam in der Auswahl des Biwakplatzes hinzu, daß er der Einsicht des Feindes möglichst entzogen sein sollte und die Front zu ihm genommen wurde. In Manövern waren dies immer die Ansatzpunkte der Kritik durch die Schiedsrichter. Der zum Biwakkommandanten ernannte rangälteste Offizier war um seine Aufgabe nie zu beneiden.

Gespräche mit Kameraden, gemeinsame Lieder und die Stummelpfeife galten im Biwak als einzige Abwechselung. Und die Gedanken: An die Lieben zu Hause, an die Liebste – von der man zwei Jahre (bei der Kavallerie drei) getrennt blieb. Mancher Wehrpflichtige litt doch unter Heimweh. Gute Kameraden sahen es ihren Nachbarn an, suchten das Gespräch und munterten auf. In diesen Stunden wurden sogar gefürchtete Unteroffiziere und »Spieße« Gesprächspartner. Dann merkte man dem Vorgesetzten an, daß sich hinter ihrer rauhen Schale ein verständnisvoller und fürsorglicher Mann verbarg.

Tafel 47 INFANTERIE-PATROUILLE

»Da sind sie«

Vorposten sollten dem Feinde Einblick in die eigenen Verhältnisse verwehren und die ruhende Truppe zugleich vor überraschenden Angriffen schützen. Die Aufstellung der Vorposten erfolgte aufgrund der Geländeverhältnisse. Dazu mußten besonders alle Wege, die vom Feind heranführten, besetzt und alle Übersichtspunkte wie Windmühlen, Kirchtürme, Anhöhen usw. einbezogen werden. Möglichst von hier sollten auch die Straßen, Wege und Geländeabschnitte beobachtet werden können. Gewässer aller Art erforderten extra Maßnahmen, um Anlandepunkte, Furten, Brücken und Stege zu kontrollieren und mit Stolperdrähten und anderen Hindernissen sichern zu können.

Diese wichtigen Aufgaben wurden meistens einer ganzen Kompanie des ruhenden Regiments übertragen. Ein Schema zur Lösung dieser Aufgaben gab es nicht, um dem Gegner Störmaßnahmen zu erschweren. Zwischen und vor den aufgestellten Vorposten und Feldwachen liefen Erkundungstrupps oder Patrouillen, wie sie damals genannt wurden. Ihre Stärke blieb unterschiedlich. Wichtig war ihre Unsichtbarkeit und Beweglichkeit. Mindestens ein Mann sicherte den Beobachter. Kennworte, die Parolen, wurden vorher zum Schutz vor Feuer eigener Leute ausgegeben. Gern übernahmen die jungen Offiziere solche Aufgaben der Sicherung, da selbständiges Handeln und Phantasie gefordert waren. Rasches und richtiges Erkennen der gegnerischen Stärken und Schwächen, vor allem die schnelle Meldung an die Vorgesetzten sicherten Anerkennung und manchmal lobende Erwähnung in der anschließenden Manöverkritik.

Die Teilnehmer an Patrouillen durften sich je nach ihrem Auftrag und der Lage viele Erleichterungen verschaffen, so den Tornister abgelegen und auch den häufig verräterische Helm mit den blitzenden Teilen durch die bequemere Feldmütze ersetzen. Sogar die Trageart des Gewehrs war nicht vorgeschrieben, jedoch sollte es nicht geschultert werden. Nach Möglichkeit erhielt eine Patrouille auch Ferngläser. Beim Treffen auf gegnerische Kavallerie- und Infanteriepatrouillen durfte nur dann geschossen werden, wenn die eigene Truppe dadurch alarmiert wurde. Erkunden und melden blieb immer die vornehmste Aufgabe aller Späher.

Carl Röchling zeichnete allerdings hier eine gerade sich nicht sehr geschickt im Felde verhaltende Patrouille. Mindestens ein Mann hätte sich zur Sicherung der Kameraden im Schatten aufstellen müssen. Dadurch könnte schon eine Flankenbedrohung oder die Gefahr des Abgeschnittenwerdens abgewehrt sein. Ungewöhnlich ist auch die Ausstattung der Soldaten mit der vollständigen Ausrüstung: Tornister mit aufgeschnalltem Kochgeschirr und Wolldecke, Brotbeutel und Feldflasche. Unter realistischen Bedingungen wurden diese Teile in der eigenen Stellung zurückgelassen, um die Beweglichkeit der Patrouille zu erhöhen, die notfalls ja auch schnell laufend zurückkehren können mußte.

Die Soldaten des auch hier nicht zu bestimmenden Infanterieregiments sind mit dem Gewehr 88 bewaffnet. Der vordere Soldat hält mit der linken Hand das beim schnellen Lauf und im Graben oft hinderliche lange Seitengewehr.

Der Helmadler ist der für preußische Infanterieregimenter vorgeschriebene. Das Regiment kann nicht bestimmt werden, da die Nummer auf der Schulterklappe nicht gezeichnet wurde. Die helle Farbe dieser Schulterklappen (Weiß oder Gelb) und die hellen Vorstöße an den Ärmelpatten deuten auf einen norddeutschen Truppenteil hin.

CRöchling

Tafel 48 CAVALLERIE-PATROUILLE

»Grade aus am Walde feindliche Infanterie«

Beobachten, aufklären und Patrouillen, diese drei Begriffe sind kaum klar zu trennen. Auch vermischen sich diese Aufgaben zwischen Infanterie und Jägern sowie sogar mit denen der Kavallerie. Eindeutig wurde im Laufe der Zeit mit dem Begriff »Fernpatrouille« eine Aufgabe nur der Kavallerie bestimmt.

Jede Eskadron stellte nach Möglichkeit in ihren Flanken eine Gefechtspatrouille in Stärke von einem Unteroffizier oder Gefreiten und zwei Mann aus. So war es bei vorhandener Nachbarschaft von anderen Truppen vorgeschrieben. Die Patrouillen beobachteten und meldeten alle Vorkommnisse von Bedeutung. Das waren vor allem Lageveränderungen beim Gegner, um die eigenen Kräfte vor Überraschungen zu schützen und eigene Maßnahmen entsprechend zu ändern. Wohl aus den Erfahrungen der Kriegsgeschichte, in denen eigene Kavallerieattacken durch plötzliche Flankenstöße und Gegenangriffe der feindlichen Kavallerie wirkungslos und oft mit hohen Verlusten endeten, blieben diese Gefechtspatrouillen auch bei Attacken der Eskadron oder des Regiments an ihren festgelegten Plätzen als Beobachter stehen. Die Kavallerie stand regelmäßig weit vor den eigenen Truppen und hielt durch Meldereiter Verbindung zu den Vorposten und Patrouillen der Infanterie und deren Vorpostenkommandeur, dem sie gelegentlich sogar unterstellt waren. Die Festlegung eindeutiger Unterstellungsverhältnisse von einer Waffengattung unter die andere erfolgte mit Abstimmung der Brigaden oder der Divisionen untereinander.

Im Vordergrund des Bildes ist ein Unteroffizier – sofort an seiner Lanzenflagge mit dem heraldischen preußischen Adler zu erkennen – als Patrouillenführer zu sehen. Geschickt sind in einer Senke die anderen Teile der Einheit aufgestellt. Deutlich sichtbar, allerdings auch für die feindlichen Aufklärer, bewegt sich die Infanterie auf dem Kamm und dem Vorderhang der Anhöhe. Das konnte in Ausnahmefällen taktisch richtig sein, um dem Gegner Stärke vorzutäuschen, blieb jedoch in der Regel ein Fehler.

Die eingangs genannte Aufklärung war die Erkundung des Geländes auf Gangbarkeit für Kavallerie, Infanterie, Artillerie und Train sowie die Untersuchung nach den Seiten als Schutz vor Flankenstöße. Auch die Übereinstimmung von Landkarten mit den tatsächlichen Verhältnissen mußte festgestellt werden. Vorsorglich wurden auch möglichst sichere Rückzugswege ermittelt. Die hierzu besonders ausgebildeten Husaren ritten im Galopp vor und zeigten die Gangbarkeit des Geländes durch senkrechtes und die Unpassierbarkeit durch waagerechtes Halten der Lanze dem Eskadronschef an. Die Abstände der Erkunder untereinander und zum Eskadronschef wurden durch die Geländeart bestimmt.

Nach den Vorschriften für das Ersatzwesen wurden an die Husaren, wie auch an die anderen Truppen im Deutschen Reich bestimmte Größenanforderungen gestellt. Bei den Linienhusaren war die Mindestkörperhöhe auf 1, 57 m und das größte Maß auf 1,72 m festgelegt. Das Körpergewicht eines Husaren sollte 65 kg nicht überschreiten. Geringfügig anders waren die Anforderungen an die Rekruten des Leib-Garde-Husaren-Regiments. Hier betrug die geringste Körpergröße 1, 65 m. Die Hälfte von ihnen sollte über 1, 75 m messen. Das Körpergewicht durfte sich nur um fünf Kilogramm, »keinesfalls mehr«, erhöhen.

Auf dem Bild sollen sicherlich Angehörige des Leib-Garde-Husaren-Regiments dargestellt sein, allerdings fehlt auf ihren Schabracken der Gardestern.

Tafel 49 DER LETZTE TAG IM LETZTEN MANÖVER

Und ruft das Vaterland uns wieder,
Ob Kürassier, ob Musketier,
Reserve- oder Landwehrbrüder,
Wir legen Pflug und Meissel nieder
Und Deutschlands Fahnen folgen wir!

Mit vielen Späßen und noch mehr Bier wurde immer und bei jedem Truppenteil der letzte Manövertag gefeiert. Vorbei waren die Anstrengungen, vergessen der Schweiß und der Durst bei langen Märschen und Ritten. Der nächste Tag brachte dann die Eisenbahnfahrt, den Rückmarsch oder den Heimritt in die Garnison. Für die ältesten Mannschaften stand nur noch die Auskleidung und Abschlußuntersuchung auf dem Dienstplan, dann kam die ersehnte Rückkehr nach Hause.

Am letzten Tag im Manöver versammelten sich die Regimenter, Bataillone und kleineren Truppenteile auf engem Raum und biwakierten. Kriegsmäßige Bedingungen traten schon in den Hintergrund. Die Marketenderwagen, zumeist gefahren von den Kantinenwirten der heimischen Garnisonen, fanden durch oft wunderliche Umstände »ihr« Bataillon oder Regiment, denn ein größerer Verdienst lockte. An diesem Tage bestand kein Alkoholverbot, das Geld saß locker, der Durst war groß und der Kantinenfonds gab auch noch einiges her.

Mit dem beginnenden Ausschank erklangen alte Soldaten- und Reservistenlieder. Eine fröhliche Stimmung verbreitete sich. Die Leute mit schauspielerischen Fähigkeiten entwickelten ihre lange unterdrückten Künste. In Späßen wurden Vorgesetzte und Kameraden nachgeahmt und Fehlleistungen humorvoll herausgestellt. Keiner durfte etwas übelnehmen. Vorgesetzte waren häufig erstaunt, wie genau und treffend ihre Eigenschaften beobachtet worden waren. Spätestens jetzt stellte sich heraus, daß der oft etwas geringschätzig beurteilte Rekrut als Mensch ernstzunehmen war.

Die Kürassiere - es kann sich auf diesem Bild nur um Angehörige des Garde-Kürassier-Regiments oder des Regiments Garde du Corps handeln - leiten die immer gern geübte Zeremonie des »Löffelvergrabens« ein. Dazu wurde ein grabähnliches Loch ausgehoben, an das die zur Entlassung kommenden »alten Knochen« mit ihren Blechlöffeln herantraten. Unter der Leitung eines phantasievoll verkleideten »Predigers« und seiner mehr oder weniger gekonnten Predigt wurden die Löffel in die Grube geworfen, die dann zugeschüttet wurde. Symbolisch endete so die Dienstzeit, dessen besonderes Zeichen der billige fiskalische Löffel war.

Bei der Zeremonie sangen die Soldaten das damals als schönstes Reservistenlied gepriesene »Bald scheiden wir aus diesem Kreise ...«, wenn auch mit verändertem Text. Die letzte der elf Strophen lautet in der ursprünglichen Fassung:

»Ruft einst das Vaterland uns wieder
als Reservist, als Landwehrmann,
so legen wir die Arbeit nieder
und folgen treu den Fahnen dann.«

Über die Späße brach langsam der Abend heran, die ersten Feuer loderten und fast lautlos traten die Regimenter an. Ihre Spielleute lockten dann zum Zapfenstreich, dem Großen Zapfenstreich, der seit den Befreiungskriegen ein wichtiger Teil der deutschen Militärmusik ist. Unvergeßlich dem, der ihn bei Abschluß eines Manövers erlebte.

Das Garde-Kürassier-Regiment hatte kornblumenblaue Abzeichen und unterschied sich nur dadurch vom Regiment Garde du Corps mit dessen roten Abzeichen. Deutlich sind hier die Schoßtaschen und die Biesen auf dem Rücken zu sehen, wie sie typisch für die Kürassiere waren.

Der Berliner Humor legte allen Truppenteilen der Garde Spitznamen zu. Mit diesen – häufig von den Truppen als »Ehrennamen« empfunden – neckten sich die Angehörigen der verschiedenen Regimenter gern untereinander. Die Garde du Corps wurden »Gardeköter« und die Garde-Kürassiere »Mehlsäcke« gerufen.

C.Röchling.

Tafel 50 PARKWACHE

»Du, es geht los«

Die Feldartillerieregimenter waren in technischen Angelegenheiten der Inspektion der Feldartillerie unterstellt. Dagegen wurden sie in Organisations-, Mobilmachungs- und Personalfragen von den Divisionskommandeuren geführt. Basierend aus den Erfahrungen des Deutsch-Französischen Krieges 1870/1871 und der im nicht freundlich gesonnenen Ausland zu beobachtenden starken Aufrüstung der Artillerie erfuhr auch die deutsche Artillerie einen ständig wachsenden Ausbau.
Vielfache Abgaben an neu zu errichtende Regimenter, Umbenennungen von Batterien, Verlegung in andere Garnisonen und eine Unzahl organisatorischer Änderungen erfolgten zwischen 1872 und 1914. Dazu gehörte auch eine immer stärkere Abgrenzung von der Fuß-, der ehemaligen Festungsartillerie. Im Jahre 1890 wurde insbesondere die bisher gemeinsame Artillerie-Schießschule in die Feldartillerie- und in die Fußartillerie-Schießschule (jeweils in Jüterbog) geteilt. Des weiteren bildeten zwei Feldartillerieregimenter eine Feldartillerie-Brigade. Diese wurde den Divisionen unterstellt. Bis zur Neuordnung 1899 blieben die Regimenter unterschiedlich strukturiert. Es gab solche mit drei Abteilungen zu je drei fahrenden und eine Abteilung zu zwei reitenden Batterien oder auch andere mit vier Abteilungen zu je drei fahrenden Batterien. Jede Batterie zählte in der Friedenszeit vier Offiziere, bis zu 130 Mann, sechs Geschütze und 70 Pferde. Im Falle eines Krieges waren es insgesamt 170 Mann aller Dienstgrade und 150 Pferde.

Im Manöver wurden bei Zuteilung von Ortsunterkünften die Pferde möglichst in Stallungen untergebracht. Für die Geschütze, Protzen, Munitions-, Vorrats- und Packwagen geschah das so, daß ihre Bewachung von wenigen Soldaten sichergestellt werden konnte. Dabei wurde auch der Schutz vor Feuer berücksichtigt. Die Abstellung aller Fahrzeuge erfolgte in Anlehnung an ein Schema, das bereits im 18. Jahrhundert »Artilleriepark« genannt wurde. Maßgebend dafür waren natürlich die örtlichen Verhältnisse und die Möglichkeit für das schnelle Anschirren der Zugpferde bei Alarmierungen, Überfällen oder ausbrechenden Bränden. Letztere Gefahr wurde nicht immer beachtet, war jedoch das größte Problem in allen noch nicht mit Elektrizität ausgestatteten Orten.

Auf dieser Bildtafel bewacht ein Kanonier das Geschütz. Es ist aufgeprotzt, was auf eine zu erwartende Alarmierung deutet. Die wichtigen Identifizierungsmerkmale werden vom Kanonier verdeckt, so daß die genaue Bezeichnung des Geschützmodells, sicherlich C 73/88, nicht möglich ist. Geschütze und Protzen waren zu dieser Zeit noch blau gestrichen, die Metallteile schwarz gehalten und das bronzene Kanonenrohr hatte einen gelblichen Farbanstrich. Links und rechts vom Kanonenrohr gab es nach hinten je einen Sitz für einen Kanonier. Der hier abgebildete Artillerist gehört zu einer fahrenden Batterie eines Feldartillerieregimentes, da er keine Reitstiefel trägt. Aufgrund fehlender Litzen ist es ein Linienregiment. Bewaffnet ist er mit dem Artillerie-Seitengewehr M 71, das nicht aufgepflanzt wurde.

CRÖCHLING.

Tafel 51 BESICHTIGUNG DES 1. GARDE REGIMENTS ZU FUSS DURCH SE. MAJESTÄT

Die Beschriftung dieser abschließenden Tafel ist von Carl Röchling nicht zutreffend gewählt worden. Zu den Besichtigungen, die den Zweck hatten, die Leistungen des einzelnen Rekruten, der Kompanien, Bataillone oder des Regiments im Exerzieren, in der Schießausbildung, im Turnen, im Dienstunterricht oder besonders in der Gefechtsausbildung zu prüfen, war aus praktischen Erwägungen stets Feldmütze oder Helm vorgeschrieben. Die hier dargestellten Grenadiermützen (s. Tafel Nr. 25), auch die Füsiliermützen, wurden beim 1. Garde-Regiment zu Fuß von der Ehrenkompanie und der Musik bei der Rekrutenvereidigung, den Frühjahrs- und Herbstparaden, Staatsbesuchen, bedeutsamen Einweihungen usw. aufgesetzt. Dazu kamen beinahe ausschließlich weiße Hosen, bei den im Winter seltenen Anlässen wie der Geburtstag Kaiser Wilhelm II. am 27. Januar noch der hellgraue Mantel. Auf diesem Bild reitet Kaiser Wilhelm II. als Chef des 1. Garde-Regiments zu Fuß die Front des Füsilier-Bataillons ab. Das Regiment selbst lag seit 1810 in Potsdam in Garnison. Kaiser Wilhelm II. führte die Besichtigungen im Januar durch und dehnte sie erheblich aus. Jetzt wurden alle Rekruten der Leibkompanie und aus drei weiteren Kompanien des Regiments besichtigt. Dazu mußten sie zunächst im Potsdamer Langen Stall antreten. Hier überzeugte sich Wilhelm II. von der seitlichen Ausrichtung der in langer Reihe angetretenen Soldaten. Dann wurden Gewehrgriffe und Anschläge vorgeführt und Fragen aus den verschiedensten Wissensgebieten, vor allem der Dienstkenntnis, abgefragt. Der Kaiser erfreute sich an guten und geistesgegenwärtigen Antworten. Diesem Vorgang schlossen sich Einzelmärsche, Wendungen und Parademarsch der Rekruten aller Kompanien in Gliedern mit Gewehr über und ein zweiter Parademarsch im Trupp mit angezogenem Gewehr an.

Diese Einzelbesichtigung unterschied sich von der Besichtigung der einzelnen Kompanien durch den Kaiser im Lustgarten, die meist Anfang April durchgeführt wurde und ein Festtag für das 1. Garde-Regiment zu Fuß war. Dazu hatten die Leibkompanie, eine weitere Kompanie je Bataillon und ab 1908 auch die Maschinengewehr-Kompanie teilzunehmen. Auch diese Maßnahmen fanden mit Helm und »schlechterer« Garnitur statt, da sich die Soldaten bei einigen Prüfungen hinlegen mußten.

Höhepunkt aller Paradetätigkeit war im Deutschen Reichsheer die jährliche Herbstparade. Sie fand seit dem Deutsch-Französischem Krieg fast nur am Sedantage (1. September) statt und vereinigte das gesamte Gardekorps auf dem Tempelhofer Feld in Berlin. Diese Parade erfreute sich stets der größten Aufmerksamkeit aller Berliner und zahlreicher Gäste.

Eine norddeutsche Zeitung berichtet 1891: »Vom frühen Morgen an boten gestern die langen Straßenzüge mit den unter klingendem Spiel zum Paradefeld rückenden Truppen, zu welchen in diesem Jahre auch die Königin Augusta-Grenadiere aus Koblenz gehörten, ein buntbewegtes, farbenprächtiges Bild. Die Paradeaufstellung des Gardekorps unter dem Befehl seines Kommandierenden Generals, Generals der Infanterie v.Meerscheidt-Hüllessem, war dieselbe wie an denjenigen Paradetagen früherer Jahre, an welchen sämmtliche Truppentheile des Gardekorps theilnahmen: die Fußtruppen unter dem Commando des Generalieutenants v.Holleben standen im ersten Treffen und berittene Truppen unter dem Befehl des Generalmajors v.Michaels im zweiten... Kurz vor 9 Uhr verkündete endloser Jubel das Nahen der Majestäten, die im Schritt unter Voranritt der Leibgarde mit glänzendem Gefolge von Schöneberg her heranritten... Der Monarch hatte die Uniform des 1. Garde-Regiments z. F. angelegt und das Orangeband des Schwarzen Adler-Ordens. Die Kaiserin trug die Uniform ihres Kürassier-Regiments... Die Vorbeimärsche, zu denen sich Kaiser und Kaiserin in kurzem Galopp an den historischen Punkt gegenüber der einzelnen Pappel begaben, verlief vorzüglich. Der Kaiser führte seiner hohen Gemahlin sein 1. Garde-Regiment z. F., dessen Leibkompanie die historischen Blechmützen trug, vor. Nach dem zweiten Vorbeimarsch, welcher von der Infanterie in Kolonnen, von den berittenen Waffen im Trabe ausgeführt wurde, nahm der Kaiser... Inzwischen rückten die Truppentheile mit klingenden Spiele in ihre Quartiere ab. - Der bei schönstem Wetter verlaufenen Parade folgte dann die Rückkehr der Majestäten nach der Stadt Berlin. Der Kaiser setzte sich dabei an die Spitze der Fahnenkompanie und wurde auf dem ganzen Wege überall von endlosem Jubel der dichtgedrängten Volksmassen empfangen.«

C. RÖCHLING.

RÖCHLING

Abkürzungen / Begriffserklärungen

Achselband: meist aus Metallgespinst gefertigtes Geflecht, das als Abzeichen von Generalen und → Adjutanten, an der rechten Schulter der Uniform angelegt wurde.
Achselklappe: → Schulterklappe.
Achselstück: → Schulterstück.
Adjutant: einem Kommandeur oder Stab als Gehilfe beigegebener Offizier, der in der Regel den militärischen Schriftverkehr führte, Berichte erarbeitete, Befehle abfaßte und als Führungsgehilfe fungierte; in entsprechender Aufgabenstellung wurde dieser Offizier auch Landesfürsten beigegeben (General- bzw. Flügeladjutant).
Ärmelaufschlag: ursprünglich am unteren Teil des Ärmels umgeschlagener Teil, der das andersfarbige Futter sehen ließ; hier farbiger Besatz der Ärmel in verschiedener, d.h. brandenburgischer, polnischer und schwedischer Form.
A.K.O.: Allerhöchste Kabinetts-Order.
AM: Armeemarsch-Sammlung.
Armeekorps: seit dem 19. Jahrhundert der im Frieden umfassendste Verband des Heeres, der sich aus mehreren → Divisionen sowie selbständigen Truppenteilen und Einheiten verschiedener Waffengattungen, Spezialtruppen und Dienste zusammensetzte.
Auditeur: Rechtssachverständiger im Militär, Beamter; an die Stelle der Auditeure traten mit der Einführung der Militärstrafgerichtsordnung von 1900 Kriegs- und Oberkriegsgerichtsräte.
Anciennität: Reihenfolge nach dem Dienstalter, nach dem die Beförderung der Offiziere erfolgte.
Bajonett: vorn auf der Handfeuerwaffe aufsteckbar angebrachte Stich- bzw. Stoßwaffe (auch → Seitengewehr) für den Nahkampf.
Bataillon: große taktische Einheit im Heer, die sich aus mehreren → Kompanien zusammensetzte und meist Bestandteil eines → Regiments war.
Batterie: taktische Struktureinheit der Artillerie für sechs bis acht Geschütze.
Behang: auch Kordon; schmückendes Garngeflecht an militärischen Kopfbedeckungen.
Biese: → Paspel.
Brigade: hier taktischer Verband des Heeres, der zwischen einem → Regiment und einer → Division stand.
Chevaulegers: ursprünglich leichte Reiter der Haustruppen der Könige von Frankreich, hier Bezeichnung für eine nur in Bayern übliche Kavalleriegattung, ähnlich der → Ulanen.
Chiffre: stilisierter Namenszug von Landesfürsten, meist auf den → Schulterklappen und → Schulterstücken.
Degen: besonders für den Stich geeignete Griffwaffe mit langer, schmaler, gerader, vorwiegend zweischneidiger Klinge.
Detachement: kleinere Truppenabteilung, die aus einem größerem Verband zur Erfüllung einer selbständigen militärischen Aufgabe abgezweigt wurde.
Devise: Wahlspruch eines Fürsten oder Staates, auch auf den Klingen der Seitenwaffen geführt.
Division: größerer taktischer Verband des Heeres.
Dragoner: ursprünglich berittene Infanteristen, dann eigenständige Waffengattung der Kavallerie.
Einjährig-Freiwilliger: zuerst in Preußen, dann im Deutschen Reich Militärdienstpflichtiger meist bürgerlicher Herkunft, auch mit bestimmtem Schulabschluß, der bei freiwilligem Eintritt in Heer oder Marine nur ein Dienstjahr ableistete und in der Regel Reserveoffizier wurde.
Epaulett: spezifisches → Schulterstück aus Tuch oder Metall, an seinem runden Ende oft mit Fransen versehen, diente vor allem als Dienstgradabzeichen der Offiziere.
Eskadron: taktische Einheit der Kavallerie; mehrere Eskadronen bildeten ein → Regiment.
Fangschnur: Geflecht oder Schnur an der militärischen Kopfbedeckung, z.B. um beim Reiten deren Herunterfallen zu verhindern.
Faustriemen: faktisch die → Troddel an Hieb- und Stichwaffen berittener Truppen.
Feldbinde: breites Leibband ähnlich der → Schärpe, allerdings mit einem Schloß; Ranggruppenabzeichen der Offiziere.
Feldwebel: höchster Unteroffizierdienstgrad (mit → Portepee an der Seitenwaffe).
Füsilier: Angehöriger einer Waffengattung der Infanterie des 17. bis 19. Jahrhunderts.
Garnison: die Stadt oder der Ort, in dem sich im Frieden dort stationierte Truppen aufhalten sowie Bezeichnung für jene Truppen selbst.
Gefreiter: ursprünglich von bestimmten Diensten befreiter, dann zweitunterster Mannschaftsdienstgrad.
Gemeiner: unterster Mannschaftsdienstgrad.
Grenadier: ursprünglich Handgranatenwerfer; Angehöriger einer Waffengattung der Infanterie, die im 17./18. Jahrhundert spezielle Kampfaufgaben, so an schwierigen Abschnitten, löste, auch später noch oft mit Elitecharakter.

Haarbusch: Schmuckelement an militärischen Kopfbedeckungen, hängend oder stehend befestigt.
Haubitze: Geschütz, das wie eine → Kanone schießen, jedoch seine Geschosse auch im Bogen hinter Deckungen des Gegners werfen kann.
HM: Heeresmarsch-Sammlung.
Hoboist: auch Hautboist; vom Musikinstrument Oboe (Holzblasinstrument) kommend, bezeichnete es zunächst nur jene Spielleute, die eine Oboe bliesen, schließlich die allgemeine Bezeichnung für Militärmusiker.
Hornist: Spielmann der → Jäger.
Husar: Angehöriger der vor allem zur Aufklärung, Sicherung und Verfolgung verwendeten Waffengattung der leichten Kavallerie.
Interimsuniform: bequemere, täglich in und außer Dienst getragene Uniform ohne Schmuckelemente, meist der Offiziere.
Jäger: Angehöriger dieser vorwiegend zum zerstreuten Gefecht bestimmten Waffengattung der leichten Infanterie; zumeist auch unterster Mannschaftsdienstgrad dieser Truppen.
Kadett: jugendlicher Offizieranwärter in der Ausbildung an militärischen Lehreinrichtungen.
Kanone: ursprüngliche Bezeichnung für ein Feldgeschütz, dann nur das Geschütz, das seine Geschosse nahezu waagerecht verschießt.
Kanonier: unterster Mannschaftsdienstgrad in der Artillerie.
Kantille: feines, spiralig gedrehtes Gespinst für Stickerei an der Uniform.
Kapellenlitze: bandförmige → Litze, die sich an den Enden gering verbreitert.
Karabiner: Gewehr mit verkürztem Lauf sowie verringertem Gewicht vor allem für Kavalleristen.
Kartätsche: mit Metallstücken oder kleinen Kugeln gefülltes Artilleriegeschoß für die Bekämpfung angreifender ungedeckter Infanterie und Kavallerie auf kurze Entfernung.
Kartusche: auch Kartuschkasten; Ledertasche vor allem der Kavalleristen zur Aufnahme von Patronen; auch mit Hülle versehene, abgewogene Treibladung für Artilleriegeschosse.
K.-M.-V.: Kriegsministerielle Verfügung.
Kokarde: rundes Nationalitätenabzeichen in den Landesfarben an der Kopfbedeckung, auch als Nationale bezeichnet.
Kombattant: Kämpfer, tatsächlich zum Kampf eingesetzter Soldat; Nicht- bzw. Nonkombattanten waren Militärbeamte.
Kompanie: bis Anfang des 19. Jahrhunderts Verwaltungs-, dann taktische Einheit in den Armeen, meist der Infanterie. Mehrere Kompanien bildeten ein → Bataillon.
Kordon: → Behang.
Kriegsartikel: vom 17. bis Anfang des 20. Jahrhunderts Aufstellung der Pflichten vor allem der Unteroffiziere und Soldaten sowie der Strafen.
Lampassen: breite Tuchstreifen an den Uniformhosen besonders der Generale.
Lazarettgehilfen: im Deutschen Reich als Personen des Soldatenstandes für die Unterstützung der Militärärzte bestimmt; nach Prüfungen und festgelegter Dienstzeit entsprach der Unterlazarettgehilfe einem → Gefreiten, der Lazarettgehilfe einem → Unteroffizier sowie der Oberlazarettgehilfe einem → Sergeanten.
Lederzeug: zusammenfassende Bezeichnung für → Leibriemen und Trageriemen des → Tornisters.
Leibriemen: auch Leibkoppel; um die Taille getragener Lederriemen, um → Tornister, Patronentasche und → Seitenwaffe zu halten.
Linientruppen: knapp auch »Linie« genannt; bezeichnet hier das ständige, auch im Frieden bereitgestellte Militär.
Litze: aus Metall gewebtes Band, meist zur Kennzeichnung des Ranges des → Unteroffiziers gebraucht.
Marketender: Personen, oft Frauen (Marketenderin), die ihren Truppen in Frieden und Krieg folgen, um Kleinhandel mit Genuß- und Lebensmittel sowie weiteren Dingen zu treiben, die dienstlich nicht geliefert werden können.
Mobilmachung: die Überführung der Truppen aus dem Friedens- in den Kriegszustand.
Nonkombattant: → Kombattant.
Oberjäger: Dienstgrad der Jäger, entspricht Unteroffizier.
Ordre de Bataille: Kriegsgliederung der Truppen; im 18. Jahrhundert noch die Schlachtordnung, d.h. die kunstgerechte Aufstellung des Heeres zur Schlacht.
Pallasch: degenartige, schwere Hieb- und Stichwaffe mit relativ breiter gerader, meist zweischneidiger Klinge.
Paspel, Paspelierung: in die Nähte der Uniform eingesetzte schmale, andersfarbige Stoffstreifen, oftmals als Biesen bezeichnet.
Patte: aufgesetzter, meist andersfarbiger Stoffteil auf Kragen und → Ärmelaufschlag.
Pelzmütze: militärische Kopfbedeckung, hier der → Husaren.
Pickelhaube/-helm: militärische Kopfbedeckung meist aus Leder, aber auch Metall mit deutlicher Schutzfunktion; 1842/43 zuerst in Preußen eingeführt.

Pionier: Angehöriger technischer Truppen (hier auch unterster Mannschaftsdienstgrad), wo es noch spezielle Zweige wie → Pontonniere und → Sappeure gab.
ponceaurot: stumpfes Mohnrot.
Pontonnier: Angehöriger technischer Truppen speziell zur Sicherstellung des Überwindens von Wasserhindernissen.
Portepee: Ranggruppenabzeichen der Offiziere und höheren Unteroffiziere, um den Griff der Seitenwaffe geschlungen.
Premierleutnant: Dienstgradbezeichnung der → Subalternoffiziere, im Deutschen Reich 1899 durch Oberleutnant ersetzt.
Regiment: seit dem 16. Jahrhundert bestehender, anfangs nur Verwaltungs-, dann auch taktischer Truppenteil aus mehreren — Bataillonen; Teil einer → Brigade oder → Division.
Remonte: junge, noch nicht zugerittene Dienstpferde.
Rittmeister: dem Hauptmann entsprechender Dienstgrad in der Kavallerie, in Deutschland bis 1945 erhalten.
Säbel: Griffwaffe mit einschneidiger gekrümmter, spitz auslaufender Klinge - vielfach mit Rückenschneide - und leicht zur Schneidenseite gebogenem oder abgeknicktem Griff.
Säbeltasche: von Husaren geführte flache Ledertasche, meist verziert.
Schabracke: farbige, oft verzierte Satteldecke.
Schärpe: auch → Feldbinde; von Offizieren als Ranggruppenabzeichen um ihren Leib geschlungene Schmuckbinde aus Seide oder Metallgespinst.
Schrapnell: Artilleriegeschoß mit Kugelfüllung und kleiner Sprengladung zur Bekämpfung ungedeckter lebender Ziele auf größerer Entfernung; kam Anfang des 19. Jahrhunderts auf und verdrängte bald die → Kartätsche.
Schulterklappe: spezifische Form der Dienstgradabzeichen der Soldaten/Unteroffiziere, auf den Schulterpartien der Uniform befestigte Stoffklappen.
Schulterstück: spezifische Form der Dienstgradabzeichen der Offiziere, auf den Schulterpartien der Uniform befestigter Tressenbesatz (→ Tresse) bzw. Schnurgeflecht.
Schwadron: → Eskadron.
Schwalbennest: mit → Tressen oder Borten besetzter Stoffteil am Oberärmel der Uniform von Spielleuten.
Seitengewehr: ursprünglich jede an der Körperseite getragene Griffwaffe, dann meist nur noch das → Bajonett.
Sekondeleutnant: Dienstgradbezeichnung der → Subalternoffiziere, die im Deutschen Reich 1899 durch den Begriff des Leutnant ersetzt wurde.
Sergeant: höchster Unteroffiziergrad ohne → Portepee.
Stabshoboist: Leiter der Spielleute eines Truppenteils.
Subalternoffizier: von »subaltern« wie untergeordnet, demzufolge sind hier alle Leutnantdienstgrade zu verstehen.
Tambour: ursprünglich eine Handtrommel, dann Bezeichnung für den Trommler selbst.
Tambourmajor: Leiter der Spielleute eines Truppenteils.
Tornister: von Ende des 18./Anfang des 19. Jahrhunderts verwendetes Ausrüstungsstück der Infanteristen zur Aufnahme von Bekleidung, persönlichen Gegenständen und Verpflegung; wurde auf dem Rücken getragen.
Train: militärische Transport- und Versorgungsmittel mit dem dazugehörenden Personal.
Tresse: schmales, durchbrochen gewebtes Band, oft mit Gold- oder Silberfäden, zum Besatz der Uniform vor allem der Unteroffiziere.
Troddel: ähnlich dem → Faustriemen und → Portepee; ein Kennzeichen der Soldaten und Unteroffiziere der Fußtruppen an der Seitenwaffe.
Überrock: bequemer, knielanger Uniformrock der Offiziere und Militärbeamten, Bestandteil der → Interimsuniform.
Ulanen: eine die Lanze als Hauptwaffe führende Kavalleriegattung des 18. und 19. Jahrhunderts.
Unteroffizier: einmal Dienstgradgruppe zwischen den Mannschaften und Offizieren, dann in dieser Gruppe auch der unterste Dienstgrad.
Wachtmeister: höherer Unteroffizierdienstgrad bei der Kavallerie und Artillerie.
Waffenrock: geschlossener, vorn geknöpfter Uniformrock, kam Mitte des 19. Jahrhunderts zuerst in Preußen auf.
Zahlmeister: mit der Besorgung des Zahlungs- und Rechnungswesens im Truppenteil beauftragter Militärbeamter im Offizierrang.

Literaturauswahl

- Allgemeines Lexikon der Bildenden Künstler von der Antike bis zur Gegenwart, hrsg. von U. Thieme und F. Becker, Band XXVII, Leipzig 1934, S. 479.
- Armee und Marine. Ein Ratgeber für alle Wehrpflichtigen. Bearbeitet von Joseph Kürschner, Braunschweig 1902.
- Bartmann, Dominik, Carl Röchling, in: Saarländische Lebensbilder, Band 3, Saarbrücken 1986, S. 199 – 217.
- Ders. (Hrsg.), Anton von Werner. Geschichte in Bildern. Ausstellung des Berlin Museums und des Deutschen Historischen Museums Berlin, Zeughaus 7. Mai bis 27. Juli 1993, München 1993.
- Boockmann, Hartmut/Schilling, Heinz/Schulze, Hagen/Stürmer, Michael, Mitten in Europa. Deutsche Geschichte, Berlin 1987.
- Bredow, Claus v./Wedel, Ernst v., Historische Rang- und Stammliste des deutschen Heeres, Berlin 1905.
- Bruch, Ludwig, Der Saarbrücker Historienmaler Carl Röchling, in: Geschichte und Landschaft. Heimatblätter der Saarbrücker Zeitung, Nr. 116/1970, S. 3.
- Castner, Julius, Militär-Lexikon. Heerwesen und Marine aller Länder mit besonderer Berücksichtigung des Deutschen Reiches, Waffen und Festungswesen, Taktik und Verwaltung, Leipzig 1882.
- Chronik des Ersten Garde-Regiments zu Fuß und dessen Stamm-Truppen 1675 – 1900. Im Auftrage des Regiments herausgegeben. Mit 12 farbigen Tafelbildern nach Originalen von C. Röchling und R. Knötel, Berlin 1902.
- Damerau, Helmut, Carl Röchling. Zur 125. Wiederkehr seines Geburtstages, in: Deutsches Soldatenjahrbuch 1980. 28. Deutscher Soldatenkalender, München 1980, S. 262 f.
- Deiß, F.W. (Hrsg.), Das Deutsche Soldatenbuch. Deutschlands Wehr und Waffen im Wandel der Zeiten, 2 Bände, Berlin 1928.
- Demeter, Karl, Das deutsche Offizierkorps in Gesellschaft und Staat 1650 - 1945, Frankfurt am Main 1962.
- Deutschlands Wehrmacht. Unter Mitarbeit einer großen Anzahl berufener Offiziere und Fachmänner. Herausgegeben vom Kaiser=Wilhelm=Dank, Verein der Soldatenfreunde, Berlin 1913.
- Eckardt, Werner/Morawietz, Otto, Die Handwaffen des brandenburgisch-preußisch-deutschen Heeres 1640 – 1945, Hamburg 1973.
- Farbiges Handbuch der Uniformkunde. Die Entwicklung der militärischen Tracht der deutschen Staaten, Österreich-Ungarns und der Schweiz bis 1937, Stuttgart 1987.
- Exerzir-Reglement für die Infanterie, Berlin 1888.
- Exerzir-Reglement für die Kavallerie, Berlin 1886.
- Fiebig, Ewald, Husaren heraus! Reitergeist und Reitertat in Dolman und Attila, Berlin 1933.
- Ders., Unsterbliche Treue, das Heldenlied der Fahnen und Standarten des deutschen Heeres, Berlin 1936.
- Fiedler, Siegfried, Kriegswesen und Kriegführung im Zeitalter der Einigungskriege, Bonn 1991.
- Ders., Kriegswesen und Kriegführung im Zeitalter der Millionenheere, Bonn 1993.
- Geschichte des Füsilier-Regiments Königin (Schleswig-Holsteinisches) Nr. 86, Leipzig 1900.
- Gesetz betreffend die Friedenspräsenzstärke des deutschen Heeres vom 15. Juli 1890.
- Grundzüge der deutschen Militärgeschichte. Im Auftrag des Militärgeschichtlichen Forschungsamtes herausgegeben von Karl-Volker Neugebauer, 2 Bände, Freiburg im Breisgau 1993.
- Handbuch für Heer und Flotte. Enzyklopädie der Kriegswissenschaften, hrsg. von Georg von Alten, 6 Bände, Berlin 1909 ff.
- Handbuch zur deutschen Militärgeschichte in sechs Bänden 1648 – 1939. Begründet von Hans Meier-Welcker. Hrsg. vom Militärgeschichtlichen Forschungsamt, München 1983.
- Handwoerterbuch der gesamten Militärwissenschaften mit erläuternden Abbildungen, hrsg. von B. Poten, Band 1 - 9, Bielefeld und Leipzig 1877 – 1880.
- Heere und Flotten der Gegenwart. Erster Band. Deutschland, Berlin 1896.
- Hessenthal, Waldemar Edlen von/Schreiber, Georg, Die tragbaren Ehrenzeichen des Deutschen Reiches, Berlin 1940.
- Höhn, Reinhard, Heer und Sozialismus, Band 3: Der Kampf des Heeres gegen die Sozialdemokratie, Bad Harzburg 1969.
- Jany, Curt, Geschichte der Preußischen Armee vom 15. Jahrhundert bis 1914. Zweite ergänzte Auflage, hrsg. von Eberhard Jany, 5 Bd.2, Osnabrück 1967.
- Jatzlauk, Manfred, Helmuth von Moltke, Schriften des Ateliers für Porträt- und Historienmalerei, Band 6, Schwerin 2000.
- Der letzte Kaiser – Wilhelm II. im Exil. Hrsg. von Hans Wilderotter und Klaus-D. Pohl, Gütersloh-München 1991.
- Keubke, Klaus-Ulrich, Mittel und Methoden der Militärbehörden des Deutschen Reiches in ihrem Kampf gegen die Sozialdemokratie in der Zeit des Sozialistengesetzes. 1878 – 1890, Diplomarbeit, Rostock 1975.
- Ders., Uniformen der preußischen Armee 1858/59, Berlin 1989.

- Knötel, Richard, Handbuch der Uniformkunde, Leipzig 1896.
- Kotsch, Detlef, Potsdam. Die preußische Garnisonstadt, Braunschweig 1992.
- Krickel, G./Lange, G., Das Deutsche Reichsheer in seiner neuesten Bekleidung und Ausrüstung, Berlin 1892.
- Lahne, Werner, Unteroffiziere – Werden, Wesen und Wirken eines Berufsstandes, München 1965.
- Lezius, Martin, Das Ehrenkleid des Soldaten, Berlin 1936.
- Ders., Das alte und das neue Heer. Die Überlieferung der Reichswehr. Ein Denkmal deutscher Größe, Berlin 1929.
- Mila, Adalbert, Uniformierungs-Liste des Deutschen Reichs-Heeres und der Kaiserlich Deutschen Marine, Berlin 1876 und 1881.
- Die Militärärztlichen Bildungsanstalten von ihrer Gründung bis zur Gegenwart. Festschrift zur Feier des hundertjährigen Bestehens des medizinisch=chirurgischen Friedrich Wilhelms=Institut. Im Auftrage der Medizinal=Abtheilung des Königlichen Kriegsministeriums nach amtlichen Quellen bearbeitet von Dr. Schickert, Berlin 1895.
- Ortenburg, Georg, Mit Gott für König und Vaterland. Das preußische Heer 1807- 1914, München 1979.
- Ders., Waffe und Waffengebrauch im Zeitalter der Millionenheere, Bonn 1992.
- Paret, Peter, Kunst als Geschichte. Kultur und Politik von Menzel bis Fontane, München 1990.
- Pelet-Narbonne, G. v., Geschichte der Brandenburg-Preußischen Reiterei von den Zeiten des großen Kurfürsten bis zur Gegenwart, II. Band: Die neue Armee. Vom Frieden zu Tilsit bis zur Gegenwart, Berlin 1905.
- Petter, Dietrich, Pioniere, Darmstadt 1963.
- Phaland (Hrsg.), Das Großherzoglich Hessische Leibgarderegiment in Aquarellen von C. Röchling und R. Knötel nebst einer Regimentschronik, Darmstadt 1897.
- Pietsch, Paul, Die Formations- und Uniformierungs-Geschichte des preußischen Heeres 1808 – 1914, 2 Bände, Hamburg 1963 und 1966.
- Potsdam. Staat, Armee, Residenz in der preußisch-deutschen Militärgeschichte, hrsg. von Bernhard R. Kroener, Frankfurt a.M./Berlin 1993.
- Professor Carl Röchling †, in: Saarbrücker Zeitung v. 10.5.1920.
- v.Rabenau, Die deutsche Land- und Seemacht und die Berufspflichten des Offiziers, Berlin 1914.
- Ring, Friedrich, Zur Geschichte der Militärmedizin in Deutschland, Berlin 1962.
- Röhr, Albert, Vor 100 Jahren. Das erste Landungsgefecht der deutschen Marine am 7. August 1856, in: Leinen los! Die Monatszeitung des Deutschen Marinebundes e.V., 3. Jg.(1956), Nr. 8, S. 364 f.
- Rohkrämer, Thomas, Der Militarismus der »kleinen Leute«. Die Kriegervereine im Deutschen Kaiserreich 1871 – 1914, München 1990.
- Ruppertsberg, A., Saarbrücker Kriegs-Chronik. Ereignisse in und bei Saarbrücken und St. Johann, sowie am Spicherer Berge 1870, Leipzig 1906.
- Schießvorschrift für die Infanterie, Berlin 1889.
- Schießvorschrift für die Kavallerie, Berlin 1890.
- Schultz, Jürgen, »The Germans to the front!« Kapitänleutnant Oltmann Buchholz – ein fast vergessener deutscher Marineoffizier, in: Köhlers Flotten-Kalender 1995. Das deutsche Jahrbuch der Seefahrt seit 1901, 83. Jg., Herford 1994, S. 65 – 74.
- Schwarwath, Günther, Carl Röchling, ein fast vergessener saarländischer Maler, in: Miniaturen zur Kunst- und Kulturgeschichte der Saarregion, hrsg. von Christoph Trepesch, Saarbrücken 1999, S. 183 – 186.
- Wer will unter die Soldaten. Deutsche Soldatenlieder mit farbigen Bildern von Fritz Kredel, Leipzig o.J.
- Soldatendeutsch, herausgegeben von Hptm. a.D. Haupt-Heydemarck, Berlin 1934.
- Der Deutsche Soldatenkalender 1953 – Deutsches Soldatenjahrbuch 1999, München 1953 ff.
- Die Soldatenstadt Potsdam, hrsg. von Hans Zappe, Berlin 1935
- Seeger, Karl von, Marschallstab und Kesselpauke. Tradition und Brauchtum in der deutschen und österreichisch-ungarischen Armee, Stuttgart 1939.
- Storz, Oliver, Kriegsbild und Rüstung vor 1914. Europäische Landstreitkräfte vor dem ersten Weltkrieg, Herford / Berlin / Bonn 1992.
- Symbole und Zeremonielle in deutschen Streitkräften vom 18. bis zum 20. Jahrhundert von Hans-Peter Stein, Augsburg 1991.
- Toeche-Mittler, Joachim, Armeemärsche, I. Teil. Eine historische Plauderei zwischen Regimentsmusiken und Trompeterkorps rund um die deutsche Marschmusik, Stuttgart 1980.
- Ders., Armeemärsche, II. Teil. Die Armeemarsch-Sammlung. Die Regimenter mit Angabe ihrer Präsentier- und Parademärsche. Komponisten-Lexikon, Neckargemünd 1975.
- Ders., Armeemärsche, III. Teil. Die Geschichte unserer Marschmusik, Neckargemünd 1975.

- Ueberall. Illustrierte Zeitschrift für Armee und Marine, 7. Jg. 1904/1905, Nr. 28 v. 28. Juli 1905, S. 443 – 445.
- Uhlitzsch, Joachim, Der Soldat in der bildenden Kunst 15. bis 20. Jahrhundert, Berlin 1987.
- Uniformenkunde. Das Deutsche Heer. Friedensuniformen bei Ausbruch des Weltkrieges von Herbert Knötel d.J. in Gemeinschaft mit Paul Pietsch und Major a. D. Baron Collas. Zweite Auflage in Zusammenarbeit mit der Deutschen Gesellschaft für Heereskunde e.V. völlig überarbeitet und erweitert von Friedrich Herrmann, Georg Ortenburg, Ingo Prömper und Hans Rudolf von Stein, Stuttgart 1982.
- Werner, Anton von, Erlebnisse und Eindrücke 1870 – 1890, Berlin 1913.
- Witthöft, Hans Jürgen, Lexikon zur deutschen Marinegeschichte, 2 Bände, Herford1977/1978.
- Woche, Klaus-Rainer, Vom Wecken bis zum Zapfenstreich. Vier Jahrhunderte Garnison Berlin, Berg am See 1998.
- Wort und Brauch im deutschen Heer. »Transfeldt«, 7. Auflage, gründlich überarbeitet und erweitert von O. Quenstedt, Hamburg 1976
- Wörterbuch zur deutschen Militärgeschichte, 2 Bände, Berlin 1987.
- Zeitschrift für Heereskunde. Wissenschaftliches Organ für die Kulturgeschichte der Streitkräfte, ihre Bekleidung, Bewaffnung und Ausrüstung, für heeresmuseale Nachrichten und Sammler-Mitteilungen, Hamburg 1929 ff.
- Die Zinnfigur. Monatsschrift für Freunde und Liebhaber von Zinnfiguren, Trachten, Geschichte und Völkerkunde, Heft 12/1936, S. 221 – 225.
- Zobeltitz, H.C von (Hrsg.), Das Alte Heer. Erinnerungen an die Dienstzeit bei allen Waffen, Berlin 1931.

In der Reihe „Schriften des Ateliers für Porträt- und Historienmalerei“ sind bisher erschienen (weitere Bände in Vorbereitung):

Band 1 Das Arsenal – Ein Wahrzeichen Schwerins
Kultur-, Militär- und Polizeigeschichte
64 S., 8 Farbtafeln, ca. 35 Abb. im Text, 24,80 DM

Band 2 Der Brand des Schweriner Schlosses 1913
Feuerwehr-, Kultur- und Militärgeschichte
64 S., 8 Farbtafeln, ca. 35 Abb. im Text, 24,80 DM

Band 3 Seemannstod eines Mecklenburger Herzogs 1897
Kultur- und Marinegeschichte
64 S., 8 Farbtafeln, ca. 35 Abb. im Text, 24,80 DM

Band 4 Schwerin und sein Bahnhof
Eisenbahn-, Kultur- und Stadtgeschichte
64 S., 8 Farbtafeln, ca. 35 Abb. im Text, 24,80 DM

Band 5 Mecklenburgische Militärgeschichte 1701 – 1918
80 S., 8 Farbtafeln, ca. 40 Abb. im Text, 24,80 DM

Band 6 Helmuth von Moltke
96 S., 8 Farbtafeln, ca. 40 Abb. im Text, 29,80 DM

Band 7 Landeskriminalamt Mecklenburg-Vorpommern und seine Vorgänger
Kultur- und Polizeigeschichte
64 S., 8 Farbtafeln, ca. 35 Abb. im Text, 24,80 DM

Band 8 250 Jahre Weingroßhandlung Joh. Uhle
Kultur- und Stadtgeschichte Schwerins
80 S., 8 Farbtafeln, ca. 70 Abb. im Text, 24,80 DM

Band 9 Militärbauten in Mecklenburg 1800 - 1918
104 S., 8 Farbtafeln, ca. 50 Abb. im Text, 29,80 DM

In Vorbereitung:
Band 10 Uniformen des Mecklenburger Militärs 1701 - 1918
mit ca. 40 Farbtafeln.

Auf 96 S. ein faktenreiches, ausgewogenes und vielschichtiges Porträt des Feldherrn mit 40 Textbildern und neben dem farbigen Einband 16 selten veröffentlichte Abb. auf 8 Farbtafeln.

Bestellungen an: **Atelier für Porträt- und Historienmalerei, Erna Keubke · Zum Schulacker 179
19061 Schwerin · Tel. 03 85/61 32 66 · Fax 03 85/61 32 65 · e-mail: keubke@t-online.de**